『亲历中国』第二辑

英国公使夫人清宫回忆录

[英]苏珊·汤丽 著 —— 曹磊 译

親歷中國

Lady Susan Townley

Memoirs of the British Minister's Lady

江苏凤凰文艺出版社
JIANGSU PHOENIX LITERATURE AND ART PUBLISHING, LTD

图书在版编目（CIP）数据

英国公使夫人清宫回忆录 /（英）苏珊·汤丽（Lady Susan Townley）著；曹磊译. — 南京：江苏凤凰文艺出版社，2018.11
（“亲历中国”系列）
ISBN 978-7-5594-1679-7

Ⅰ. ①英… Ⅱ. ①苏… ②曹… Ⅲ. ①中国历史一史料一清后期 Ⅳ. ①K252.06

中国版本图书馆 CIP 数据核字(2018)第 045711 号

书　　名	英国公使夫人清宫回忆录
著　　者	（英）苏珊·汤丽
译　　者	曹　磊
责任编辑	梁雪波　王宏波
出版发行	江苏凤凰文艺出版社
出版社地址	南京市中央路 165 号，邮编：210009
出版社网址	http://www.jswenyi.com
印　　刷	南京台城印务有限责任公司
开　　本	718×1000 毫米　1/16
印　　张	14.25
字　　数	176 千字
版　　次	2018 年 11 月第 1 版　2018 年 11 月第 1 次印刷
标准书号	ISBN 978-7-5594-1679-7
定　　价	38.00 元

谨以此书献给亲爱的沃尔特[1]

① 沃尔特，1902 至 1903 年任英国驻华公使，本书作者是他的妻子。

目　录

前　言

本书并不奢望为相关领域提供更多新的启迪和借鉴。它的第一部分源自我个人的阅读经历。在那个遥远的东方国家，近乎"失业"的我除了读书，实在没别的事情可做。读过很多书以后，我尝试着把从中获得的知识和体会串联起来，写成完整的文字，与此同时，我又不希望把它写成严格遵循时间顺序的"流水账"。本书非常适合那些像我一样待在家里无所事事的朋友阅读，能够满足普通读者的阅读口味。作为亲眼目睹过紫禁城内林林总总的西方人，我在自己的书中忠实地记录了历次受到大清皇室接见的经历。经历过漫长而严苛的自我封闭，大清帝国的皇帝和太后终于愿意(部分也是迫于西方国家的压力)摘下戴了几个世纪的面纱，对全世界坦诚相见，这实在非常不容易。

时间进入 20 世纪，即便中国这样古老的东方国家也不再显得那么神秘莫测，这个国家也像世界其他地方一样，处处闪现着新世纪的曙光。最近，我们听说某位特别新潮的地方总督给大清皇帝进贡了一辆西方生产的最新款汽车。皇帝拒绝了这份好意。身为"天子"，他不可能坐在后面的座椅上，允许司机坐在前面开车；同样的原因，即便北京的道路状况允许汽车通行，皇

本书作者苏珊·汤丽

帝也不可能自己手握方向盘开车。尽管如此,这件事本身却说明了时代正在悄然发生变化!

就在我离开中国前不久,大清驻某国公使的两位女儿[①]随结束长期侨居欧洲的生活返回祖国。经过反复讨价还价,这两位在欧洲宫廷中开了眼界的女士被破例允许身穿巴黎女性最时尚的服装觐见太后。不仅如此,她们觐见太后时还不用按中国传统礼节磕头,而是代之以西方宫廷礼节。我有幸参加了这次觐见,还亲眼看见慈禧太后饶有兴致地伸着脚,把自己那双清廷花盆底高跟鞋跟两位年轻女士的最新款路易十四式高跟鞋[②]比来比去。现在,我听说跳舞和打毛衣已经成了紫禁城里最受欢迎的娱乐活动,引领这股风潮的正是那些受过西方教育的贵族妇女。

美国女画师凯瑟琳·卡尔

更有意思的是,慈禧太后近期刚刚允许某位外国画师[③]为她画了幅像,这幅油画很快就要被送到国外展览。虽然按照慈禧的特别要求,这幅画像不能依照西方绘画习惯,在人物的脸上采用阴影技巧,不过包括这幅画像在内的种种迹象还是显示中国跟与她隔海相望的日本一样,出现了

① 指裕德龄和她妹妹容龄,德龄和妹妹自 1895 年起先后随父亲出使日本和法国,1903 年回国,被慈禧任命为御前女官。1907 年,德龄跟美国驻上海副领事结婚,后移居美国。1911 年以"德龄公主"的笔名出版了英文著作《清宫二年记》。1944 年在加拿大死于车祸。

② 今天的西式高跟鞋最早是由法国国王路易十四发明的,后来才逐渐演化成女性专用品。

③ 指美国女画师凯瑟琳·卡尔 miss katharine Carl,中文通译为"柯/克姑娘",她是唯一在中国宫廷生活过很长时间的外国人,也是唯一替尚还健在的中国后妃画像的人,代表作《禁苑黄昏——一个美国女画师眼中的慈禧》。

明显的变革趋势,逐步走向世界。

正是由于这样的原因,我为读者介绍起这个古老的东方国家来,其实并不存在太多隔膜。通过这本书,你将首次看到一个不管自愿还是被迫,虽然保持着种种天朝做派,却终归还是向我们这些西方外交人员女眷伸出了橄榄枝的慈禧太后。

苏珊·汤丽

第一部分

第一章　早期中国历史

周朝建立前，从公元前 2953 年至公元前 1122 年这段时间的中国历史基本属于糊涂账[①]。有理由相信，今天中国人的祖先[②]并非这片土地的土著居民，而是从别的地方迁徙过来的。他们沿着黄河一路向东，陆续建立了很多定居点，那些原先定居当地的部落则被他们逐渐瓦解、同化。还有理由相信，中国人最早的祖先属于游牧文明，而非农耕文明。这方面比较明显的证据就是中国房屋采用的大屋顶、翘屋檐和木头立柱的设计，它们跟游牧民族的帐篷具有很多相似性。据说，成吉思汗每攻下一座城镇，就下令把城里房子的围墙全部拆掉，只留下木头屋架。这样一来，原来的房屋就可以很方便地转化成供蒙古骑兵和战马居住的蒙古包。

中国最早的历史大概可以追溯到公元前 2953 年。这年，伏羲氏被拥立为王。“伏羲”这个名字的由来是因为他最早教中国人学会了打猎、捕鱼和饲养牲畜。伏羲被认为是中国历法的制定者，被认为是中国婚姻制度、家庭制度、姓氏制度的创立者，以及中国古琴和八卦的发明者。另外，伏羲还被认为是汉字书写的创建者，在此以前的很

---

① 作者写作本书时甲骨文才刚被发现，当时对夏、商和西周早期历史的认识还没达到今天的水平，比较可信的历史被认为是从东周时代开始的。

② 这里指中原地区汉族人。

多世纪里，中国人只能结绳记事。

炎帝是继庖牺氏[①]之后，中国又一位伟大的古代领袖。他最早教中国人种植五谷，发明了耕田用的犁，还开设市场，方便人们交换各种商品。炎帝之后，黄帝崛起，他发明了中国最高统治者专用的那种带流苏的帽子，以及配套的衣服和裤子。黄帝指导手下伐木造出了船和桨，他饲养牛，还驯化了马。除此之外，他还开创了中国祭祀天地、神灵的制度，发明了金属货币，协助医生们编纂了出了《黄帝内经》[②]。黄帝的妻子[③]则教中国人学会了养蚕、缫丝和纺织。

从公元前 2357 年开始，中国进入了伟大的尧、舜、禹 3 位帝王统治的时代。尧这个人生活极其简朴，从不使用任何奢侈品和装饰物，他居住的房屋据说连墙壁都不用粉刷。尧的儿子[④]，唉……是个顶没出息的人。尧这个人公而忘私，没把王位传给儿子，而是选择了一位名叫"舜"的继承人。舜原先就是个种地的农民，他不但对父母特别孝顺，还兼具各种美德，野兽甚至因此受到感化主动替舜拉犁，飞鸟自己飞到他的田里帮助捕捉害虫。舜坐上王位后，希望老百姓能直接向他传达自己的想法，就在王宫门口挂了块木牌，允许大家在上面书写各种建议，还在王宫门口安放了一面大鼓，老百姓需要面见舜的时候，就可以敲响这面鼓。

舜的继承人叫"禹"。禹能够继承王位，主要是因为治理黄河水患得力[⑤]。那个年代的黄河经常泛滥，造成巨大的损失。据说，为了治理黄河，禹足足花了 9 年时间，三过家门而不入。为了犒赏如此巨

---

① 伏羲和庖牺通常被认为是一个人，作者同时使用了这两个名称。

②《黄帝内经》是中国现存最早的医学典籍，这本书虽然托名黄帝，但一般认为是成书于西汉时代。

③ 指黄帝的妻子嫘祖。

④ 即丹朱太子。

⑤ 原文如此。传说中的禹实际上是负责治理全天下的水患，并非针对黄河。

大的功绩，舜把王位传给了禹。禹继承王位后统治非常清明，为了处理公务，吃顿饭都可能停下10多次，洗一次头可能也要中途停下两三次，连头发都来不及擦干，就那么把湿头发攥在手里[①]。由于心地十分善良，禹每次审案的时候都会替犯罪的人落泪。遇见因为贫穷被迫卖儿卖女的老百姓，禹还要拿出自己的钱周济他们。

舜帝画像

尧、舜、禹执政的时期被认为是中国历史的黄金时代，只可惜，这种近乎乌托邦的日子即便在神话传说中也无法维持长久。尧、舜、禹之后，中国开始了被孔子称为“礼崩乐坏”的堕落时代。公元前1818年，夏桀继承王位，这个人集人类的各种缺点之大成，比此前的所有统治者都坏。夏桀有个最宠爱的妃子叫“妹喜”。为了讨妹喜高兴，夏桀动用宝石、象牙和大理石修造宫殿，甚至还送给她一张用整块碧玉雕刻出来的床。妹喜喜欢听靡靡之音，夏桀就特意组建了专门的乐队。妹喜的花园里有用酒灌满的池塘，上面可以行船，池子里的酒足可以把3000人喝得烂醉。相比妹喜，夏桀的生活更加糜烂，每天完全放纵在感官享受当中，连续30天不上朝。统治者的种种劣迹

① 原文如此。作者这里应该是把周公“一饭三吐哺，一沐三握发”的典故跟大禹弄混了。

激怒了老百姓，起义爆发，天怒人怨的夏桀因此丧命。

领导这场起义的人名叫“汤”，他在公元前1766年取代夏桀，恢复了国家的秩序。好景不长，一场干旱很快席卷大地。汤用发布“罪己诏”的方式向上天祈求降雨，他为自己罗列的罪名包括：

① 怠慢朝政；

② 不能督促子民勤劳生产；

③ 建造奢华的宫殿；

④ 听信妇人之言；

⑤ 对贡品过分贪婪；

⑥ 偏好谄媚之言。

这份“罪己诏”发布后，上天很快便降下甘霖。

中国古代传说中的黄金时代似乎总是很难维持长久，美德总会被时间慢慢侵蚀。公元前1154年，殷纣王即位，中国历史再次进入了一个堕落时期。纣王有个宠爱的妃子名叫“妲己”，这个女人施展魅惑手段，牢牢控制了朝政。纣王其实是位非常有天分的君主，却在奢华的享受中逐渐迷失了自我。据说，纣王即位没多久，就命人给自己制作了一副象牙筷子。他的臣子听说了这件事，忧心忡忡地说，象牙筷子肯定不能跟瓦器相配，要用犀牛角的碗、白玉的杯子。犀牛角的碗、白玉的杯子肯定不能配野菜、粗粮，只能吃山珍海味。吃着山珍海味，自然不肯再穿粗布衣服，住简朴的屋舍，步行出入，就要穿绫罗绸缎，住豪华的宫殿，乘坐华丽的车子。国内的财富无法满足需要，必然要去国外征讨。这非常值得忧虑[①]。沉迷享受的纣王逐渐变得昏庸，那些试图劝谏他的臣子在妲己的蛊惑下遭到残杀，很多新奇

① 这段话是纣王的臣子箕子说的，后来被称为“象牙筷子定律”，出自《史记》，原文为“彼为象箸，必为玉杯，为杯，则必思远方珍怪之物而御之矣，舆马宫室之渐自此始，不可振也”。

的刑罚被发明了出来，比如炮烙。九侯（the earl of chin）的女儿入宫后不愿陪伴纣王一起淫乐，纣王就把她的父亲剁成了肉酱。鄂侯（the earl of o）不断地劝阻纣王施暴，最后被杀死做成了肉干。西伯侯（the earl of the west）也因为同样的原因被囚禁了多年①。纣王的臣子比干劝谏纣王，反倒惹恼了他，被挖心而死。纣王声称这么做是为了看看这位大臣的心是否真的有玲珑七窍。

事情发展到后来，老百姓终于忍无可忍，武王趁势发动起义。纣王失败，聚集起金银财宝，放火自焚而死，他的宠妃妲己则被武王砍了头。武王建立的周朝从公元前 1122 年持续到了公元前 250 年，正是从这个时候开始，中国历史有了明确的文字记载。武王是位杰出的君主，却在执政时犯下了一个致命的错误。他把国家划分为 12 个小的诸侯国，分给了亲戚和大臣，允许他们的后代世袭罔替。这无疑削弱了天子对国家的控制权。后来，诸侯国变得越来越强大，互相征伐、吞并，国家因此陷入动荡之中。

武王的继任者是成王（cheng）。他即位时只有 13 岁，因此必须由周公辅佐。周公的儿子名叫“伯禽”，他跟成王从小一起长大。成王小时候非常顽皮，每次犯了错误都是伯禽替他受过。长大后，为了报答这个弟弟，成王就把他封为了鲁国的首任诸侯王②。据说，周公辅佐成王执政时，曾给周边国家的君主送了一个磁石做成的指南针当作礼物。这是目前已知的关于罗盘的最早记载，欧洲的罗盘也是从中国传过去的。区别在于，中国的罗盘直到今天仍然习惯以南为正方向，被称为“指南针”，欧洲的罗盘习惯以北为正方向，被称为指北针。同样是在周公辅佐成王执政的时期，中国出现了最早的金属货

---

① 作者这里说的是《史记》记载纣王“醢九侯，脯鄂侯，囚文王于羑里”的典故。
② 原文如此。实际的情况是周公的封地在鲁国，不过他当时必须留在镐京辅佐成王，所以就派儿子去封地就职。

币，就是那种圆形中间有孔，方便用绳子串起来使用的货币。周代的中国的军队开始使用双轮战车和战马作战。奴隶制度在这个时期得到保留，很多奴隶少女甚至要为死去的主人殉葬。史书记载，某位大人物临死时曾给儿子留下遗嘱，要求把他的爱妾全部殉葬。幸运的是，这位儿子找到了恰当的替代方式，让这些女人免于一死。

周代建立后，随着时间流逝，诸侯国势力越来越强大，这些名义上的臣子开始挑战天子的权威，经常拒绝向天子进贡。周朝内部的动乱让周围的小国家看到了机会，公元前 936 年，游牧民族的军队侵入中原地区，很快又被击退。这是有据可查的游牧民族对中原地区发动的第 1 次进攻，从那以后，这个问题始终困扰着中国历代中原王朝。

今天中国人的很多风俗习惯都是在周代确立起来的。例如家族群居性的生活习惯，具有血缘关系的人平时生活在一起，互相帮助，互相依靠，同时还要指定一位当家人。家族制度建立后，姓氏文化又在这个基础上发展起来。至于椅子、桌子、床这些中国人今天必备的家具，也都是在周代逐渐发明出来的[①]。尽管周代的中国文明得到了极大发展，孔子、老子、孟子这些圣人却在反复指责社会道德的沦丧、国家秩序的动荡，希望大家能够回到很久以前的黄金时代。公元前 255 年，周朝终于迎来了自己的最后时刻。身在中国西部的诸侯王势力不断壮大，发动了针对其他诸侯王和周天子的战争，最终取而代之，建立了属于他自己的王朝。这就是短命的秦朝（ts in/ch in），中国正是从这时开始被西方人称为“China”。

始皇帝是秦朝的首位君主，执政时期从公元前 255 年至公元前 206 年。始皇帝从父亲那里接过大权时只有 13 岁，却很快凭借强有力的手腕控制住了局势。秦朝建立后，始皇帝废除了诸侯国制度，强化

① 原文如此。中国人开始使用现在意义上的椅子、桌子、床这些家具其实是宋代以后的事情。

了中央集权，“始皇帝”这个名号的意思就是中国的第一位皇帝。始皇帝建立秦朝后恢复了国家的秩序，同时通过强迫手段发动百姓修造了一系列宫殿、公路、桥梁和运河。公元前 214 年，为了抵御来自北面和西面的游牧民族，始皇帝下令建造长城。长城总长 1400 英里，一路越过了无数高峰、河流和山谷，直到今天仍然是全世界最著名的人工建筑之一。领受命令的臣民们虽然全力以赴，始皇帝却非常遗憾地没能亲眼看到这项工程彻底完工。

始皇帝在中国历史上留下了一项重要罪名，那就是焚书坑儒。由于这个罪名，他落下了不好的名声，特别受到学者和读书人的仇视。除此之外，很多老百姓也都不喜欢他过于严苛的执政措施。始皇帝死后，民间不断爆发起义。他的儿子和孙子先后继承皇位，却始终没能挽回局面。最终，名叫“刘邦”的农民领袖脱颖而出，建立了汉朝。

公元前 206 年至公元 221 年的汉朝是中国历史上一段特别辉煌的时期，时至今日，很多中国人仍然以自称“汉人”为荣。刘邦登上皇位后被称为“汉高祖（kaoti）”，这是个中国史书中如雷贯耳的名号。汉朝前后延续了大概 4 个世纪，中间只经历过短暂的中断[①]，国富民强。汉朝建立了完善的法律制度，其中的很多东西被后来的朝代继承下来。今天中国人还在使用的墨汁、毛笔和宣纸都是在汉朝发明出来的，当时造纸的原料主要包括桑树皮、麻纤维之类的东西。汉朝还出现了从读书人群体中选拔官员的考试制度。汉朝虽然延续了很长时间，这个过程中却始终战乱不断，特别是来自西面和北面的游牧民族入侵问题。事实证明，秦代开始修建的长城并不具备太大的实际意义。

汉朝临近尾声时再次变得腐朽、没落。当时至少有两位皇帝完全是被身边的太监控制住的。很多心怀野心的人从中看到了希望，起义

---

① 指王莽篡位建立新朝。

很快爆发。这些起义者头戴黄色的头巾作为标志，被称为“黄巾军”。身为起义领袖的董卓[①]很快积累了足够的实力，达到了跟汉朝皇帝抗衡的地步。就在这个关键时刻，名叫“王允”的大臣意识到危险即将降临，挺身而出，准备除掉董卓。他的具体办法是给对手进献了一位美女。这位美女名叫“貂蝉”，她从小被王允收养，习学歌舞。危急时刻，为了报答王允的养育之恩，貂蝉主动站了出来，询问养父究竟为什么事情烦心，如果需要，她愿意替养父分忧，万死不辞。看到貂蝉，王允突然有了主意，他屏退下人，只留下貂蝉，详细告诉了她董卓的情况，以及自己打算铲除这个敌人的决心。王允发现，董卓的义子吕布虽然勇猛无敌，却跟他的义父一样，都属于好色之徒。如果同时把貂蝉献给董卓和吕布，从中挑拨，这父子二人就可能反目，大汉王朝就迎来了铲除董卓，国家中兴的机会。貂蝉认为王允说得挺有道理，决定依计而行。

第 2 天，王允派人给吕布送去一顶镶嵌有珍珠的金冠，还写信奉承他是天下第一的大英雄。吕布非常得意，来到王允家表示感谢。王允设宴招待吕布，吕布喝得大醉。宴会临近尾声，貂蝉婀娜现身，吕布立刻被她的美丽给吸引住了，直接告诉王允说，如果能得到这位美丽的女子，他愿效犬马之劳。王允很痛快地答应了吕布的要求，许诺选个黄道吉日，就把貂蝉送到吕布府上。

王允的计策很快获得了成功。由于争风吃醋，董卓和吕布变成了仇人，失去吕布辅佐的董卓被汉朝皇帝顺利铲除。遗憾的是，董卓的死并未给汉朝带来和平，而是进入了群雄逐鹿的时代。曹操、刘备和孙权三位英雄最终胜出，将原先的汉朝割据成了三个相互独立的国家。这个时期在中国历史上被称为“三国”，从公元 221 年延续到 618 年的 400 年当中，除了很少的时间，中国没有全国统一的政权，战乱

① 原文如此。董卓其实是靠镇压黄巾军起家的。

频发。公元 590 年，隋朝逐渐崛起，统一了全国。隋朝建立后仅仅维持了 39 年的稳定和富强，隋文帝和隋炀帝父子两代皇帝先后主政中国。正是在这个时期，中国与日本开始了频繁的外交往来，基督教也首次传入中国。隋炀帝是通过弑父的方式登上皇位的。由于统治过分残暴，他很快就把隋王朝引向了末路。隋炀帝执政时期最主要的成就是修建了沟通长江和黄河的大运河①，后来忽必烈可汗的大运河就是以此为基础整修而成的。

公元 618 年，名叫李渊的将军夺取皇位，成了唐朝的开国皇帝。唐王朝的统治从公元 618 年开始，到公元 907 年结束。同样是在这个时期，阿尔弗雷德大帝②崛起，英国开始了作为一个国家的历史。唐朝是继汉朝后，中国历史上又一个辉煌灿烂的阶段，后人对这个时代最主要的评价是太平、富强和进步。唐朝最著名的皇帝当属高宗③。这位皇帝执政 34 年，起初励精图治，最后却以堕落的悲剧收场。玄宗统治的黄金时期，中国文学受到大力扶持，获得了难得的发展机遇。军事方面，大唐成功挫败同时崛起的阿拉伯帝国④，控制了今天中亚的很多地区。经济方面，唐朝中国人最早发明了纸币⑤。值得一提的是，中国妇女缠足的这个恶劣习俗也是在唐代发展起来的⑥。据说早在公元 6 世纪，中国著名昏君陈后主（chen hou tsu）的某位妃子为了讨君王欢心，故意用布把脚缠成了近似新月的形状。从那时开

---

① 即京杭大运河。

② Alfred the great，英格兰盎格鲁—撒克逊时期韦塞克斯王朝国王，公元 871 年至 899 年在位，被奉为英国国父。

③ kao tsung，原文如此。参考下文，作者实际想说的应该是唐玄宗李隆基，为适应读者阅读习惯，译者将后面所有涉及 kao tsung 的地方直接翻译为玄宗。

④ 指唐与大食之战。

⑤ 现在历史教科书一般告诉学生说中国最早的纸币是宋代的交子，不过唐代其实就已经出现了被称为“飞钱”的纸质或丝绸质货币。

⑥ 有种说法认为唐代舞女为了跳舞方便会用裹脚布把脚缠得很小，还要穿一种被称为“利屣”的小号舞鞋，普通女性竞相模仿，这就是中国妇女缠足的起源。

始，中国女性便以缠足为美，称这种小脚为“金莲”。

清代汉族少女

唐朝的繁荣持续了很长时间，最终还是无法摆脱没落的命运。一个短暂的动乱时期过后，公元 960 年，新的王朝建立起来，这就是宋朝。宋朝从公元 960 年开始，到公元 1260 年结束。这个王朝控制了今天中国国土的很大一部分，却始终无法摆脱周边游牧民族的侵扰。公元 1127 年，宋朝将长江以北的区域放弃给打败、吞并了契丹（chi tans）的金朝，龟缩到中国南方地区。这之后，草原上的蒙古人又开始了由北向南的扩张过程。

草原上的蒙古人原本是臣服于金朝的。后来，他们的领袖成吉思汗抓住时机，统一了草原上分散的部落，率领蒙古骑兵向西横扫了北至里海、南到印度河的中亚地区，向北远征朝鲜半岛，向南一直打到了长江边上。成吉思汗并不满足这样的战果，很快再次率军向西征伐俄罗斯南部省份，势不可当地占领了莫斯科、基辅等地。如果不是因为黑死病肆虐，他们可能还要打到更远的地方。

建立功勋的成吉思汗返回了蒙古草原，很快就在公元 1221 年去世了，甚至没来得及享受他的胜利果实。成吉思汗的继任者是他的儿子窝阔台。听说成吉思汗去世，金朝立刻派出了求和使者，希望与蒙古媾和。窝阔台认为金朝对父亲的死负有责任，不同意他们的请求，声称将继续开战，直到金朝彻底倒台。蒙古与金朝间的战争因此又持续了很多年。公元 1230 年，蒙古失去了伟大的将领拖雷[1]，战争却没有因此停止。拖雷的 12 个儿子中有两个特别出类拔萃，就是蒙哥和忽必烈，这两个儿子后来先后继承过汗位。

公元 1232 年，蒙古与宋朝达成合约。根据合约，宋朝将出兵协助蒙古打败金朝，作为回报，被金朝占据的北方领土将归还给宋朝。蒙古与宋朝的联手最终要了金朝的命，金朝的皇帝为了免受被俘的屈辱，在宫殿中自焚而死。他的儿子随后即位，维持了一段时间，最后死于军队哗变。金朝自此彻底退出中国历史。400 多年以后，他们的子孙建立了今天的大清帝国。

金朝灭亡，蒙古与宋朝的蜜月期自动宣告终结。窝阔台率领军队很快占领了今天的湖广（hu kwang）、河南、江南[2]等地。遗憾的是，窝阔台像他的父亲一样短命。公元 1241 年，主政蒙古 13 年，时年 56 岁的窝阔台去世。公元 1248 年，前面提到的拖雷的儿子蒙哥继承汉位。他和兄弟们齐心协力率领蒙古骑兵延续着自己的胜利。公元 1259 年，蒙哥去世，他的弟弟忽必烈即位，元朝由此登上历史舞台。

元朝从公元 1259 年开始，至公元 1360 年结束，中国历史上从来没有一个朝代能够像元朝那么国土辽阔、力量强大。忽必烈继承汗位后的头 20 年，退到南方的宋朝仍在全力抵抗蒙古骑兵的南下，公元 1280 年，忽必烈取得了最终胜利，建立了北到北冰洋，南到马六甲的庞大帝国。除了横都斯坦[3]、阿拉伯半岛，以及西亚的部分地区，蒙古骑兵所到之处，当地人纷纷向蒙古大汗称臣、纳贡。

不管蒙古大汗如何英明神武，不管他如何尊崇中国中原文化，也

---

① 孛儿只斤·拖雷，成吉思汗第 4 子，忽必烈的父亲。成吉思汗去世时虽指定窝阔台继位，但是由于蒙古的部落议会制度，窝阔台在此后的两年间实际没能继位，大权落在了监国拖雷手中。

② kiang nan，清代有江南省的行政区划，范围就是明代以南京为中心的南直隶地区。

③ hindustan，印度古称。

不管他如何关爱、体恤穷人，中原地区的汉族人始终摆脱不掉被异族统治的压抑感。公元 1294 年，在位 25 年的忽必烈撒手人寰，他的很多臣民对这位大汗的死并没有表现出太多的悲伤。公元 1323 年，大元帝国气数将尽，元顺帝（shun ti）统治时期，国家陷入动荡，各地纷纷爆发起义，一位朱姓的农民儿子①成功推翻了元朝。

朱元璋画像

朱元璋原先当过和尚，后来还逃荒要过饭，各地起义的消息唤醒了他身上的血性，促使他加入了起义者的行列。通过逐渐积累军功，朱元璋成了起义的领导者之一，只用了很短时间就击垮了大元帝国，将中国的 18 个省收入囊中，龙袍加身，成了大明王朝的皇帝。

经过两个宋朝②和元朝的持续发展，此时的中国已经拥有了令马可·波罗，这位中世纪最著名旅行家为之惊叹的高度文明。马可·波罗在忽必烈统治时期来到大元帝国的首都，此时的中国人已经开始使用现在意义上的椅子、桌子、床、筷子③、犁、货船和马车等器具，有些东西直到今天还在使用，样子跟当初也没太大变化。那个时代的中国人甚至已经掌握了天花的秘密，知道了人工预防天花，具体的接种方法跟现在大同小异，主要是

① chu，即明太祖朱元璋，以下为行文方便直接翻译为“朱元璋”。
② 指北宋和南宋。
③ 中国古人吃饭最早同时使用餐刀和小勺子，跟现在西方人的习惯近似，史称“左刀右匙”，筷子的出现相对要晚些。

通过鼻孔吸入少量天花病人的痂皮[1]。忽必烈统治时期，连接北京和中国南方的大运河正式通航，它的主要作用是从南方向帝国的首都调运粮食。正如前面所说，这项工程巧妙的利用了公元 7 世纪隋炀帝大运河的部分河段，减少了很多工作量。

从公元 1368 年到公元 1644 年，明朝延续了大概 300 年的时间。朱元璋称帝后将自己的年号定为“洪武（hungwu）”。这位皇帝执政时期的内政外交都非常成功，中国重新开始了高速发展。朱元璋身后最伟大的继任者非永乐皇帝（yung lo）莫属，这位皇帝公元 1403 年即位，执政 24 年，将大明帝国带上了历史的巅峰，老百姓安居乐业。永乐皇帝非常具有尚武精神，他当政期间将中国的首都从南京搬到了北京。直到今天，这个城市仍然是中国的政治中心。朱元璋和永乐大帝统治时期，可能从来没人想过这个王朝也将重蹈灰飞烟灭的悲剧性覆辙。

自然环境因素[2]对大明王朝的倒台起到了至关重要的作用。王朝内部的起义直接推翻了这个王朝，逼得皇帝[3]自杀殉国。这之后没多久，来自满洲的清军在大明将军吴三桂的帮助下打败了这些起义者，建立了大清帝国。据说，吴三桂当年跟清军有过约定，后者协助镇压起义后，应该主动撤回关外。事后食言的大清皇帝为了换取吴将军的合作态度，接受了他提出的 4 个条件：

① 汉族妇女不得被选为后宫嫔妃；

② 满族人参加科举考试不能被点为状元；

③ 汉族男性活着的时候依据大清法律身穿满族服装，死后可穿明代汉族服装下葬；

---

① 中国在北宋时期就出现了接种预防天花的技术，具体方法是用鼻孔吸入少量天花病人的痂皮粉末，被称为“种人痘”，这种方法比后来的牛痘接种风险大得多。

② 指晚明天下大旱引发了西北农民起义。

③ 指在景山上吊的崇祯皇帝。

④ 汉族妇女无论生前身后都可身穿汉族服饰，可继续保留缠足的习俗，也不必像满族女性那样婚前梳长辫。

清朝建立后，很多汉族男性，特别是南方地区的汉族男性，不愿意接受剃头留发辫的习俗，就把他们的辫子盘在头上，用头巾包住。这种习俗延续至今。

在路边等活干的人

剃头匠

大清王朝公元 1644 年正式建立，一直延续到今天的光绪皇帝①。建立大清帝国的皇帝声称他们是当年金朝人的后代，为了神化自己的祖先，他们还杜撰了个非常具有浪漫色彩的故事。据中国历史学者所说，很久、很久以前，3 位美丽的少女在长白山下的神湖洗澡。突然，一只喜鹊飞到那位最年轻少女放在湖岸边的衣服上面，留下了 1 颗深红色的果子。少女吃了这个果子，怀上了身孕，她生下的孩子就是爱新觉罗家族（ai sin ghioro）的祖先②。公元 1644 年至 1662 年当政的清朝首位皇帝顺治便来自这个家族。顺治皇帝当年的即位诏书是这样

① 本书完稿于 1903 年。

② 据《清史稿》记载，仙女佛库伦吃了喜鹊留下的朱果，生了爱新觉罗・布库里雍顺，这个人就是努尔哈赤的祖先，因此满族习俗把喜鹊当神敬奉。

写的：

奉天承运皇帝诏曰，洪惟太祖皇帝，受天明命，肇造弘基，神功圣武，遗厥子孙，追我皇考，承元继体以来，十有七载，显谟遗略，深恩厚泽，用干戈而讨逆，本仁义而纳降，所以遐迩向化，丕业日隆，臣子方作万年之颂，宫车乃有一朝之虞，肆予冲人，正在弱龄，讵意宗盟及诸大臣，咸谓神器，不可以久虚，宗祧不可以乏主，于皇子之中，合辞推朕，勉循舆情，于本年八月二十六日，即皇帝位于笃恭殿。于戏，惟予小子，莅兹重任，所赖伯叔宗亲大小臣工，同心协力，辅朕不逮。其以明年正月初一日，为顺治元年，宜发大赦，共图惟新，自八月二十六日昧爽以前，一应罪犯，并常赦所不免者，尽行赦宥，布告中外，咸使闻知。八月二十六日。①

光绪帝即位前，清朝的皇帝已经前后延续了 8 代。顺治后的第 2 位清朝皇帝年号“康熙”，公元 1662 至 1732 年在位，这个人是位皇帝，同时也是军事家和文学家，他统治的时期是整个大清王朝最强盛的时代。康熙帝对待顺治时期传入中国的基督教②非常友善，但也始终保持着戒心。这位皇帝不仅任命西方神甫充当自己的哲学老师，认真听他们授课，还向很多西方传教士讨教过最新的科学知识，对来自西方的天文学成果尤其感兴趣。康熙帝本人从未受洗皈依过基督教，

① 诏书原文参考本书直接引自朝鲜仁祖二十二年八月《承政院日记》，《承政院日记》是古代朝鲜王朝定期编修的官方档案文献，通常每月出一本，因为历史上的渊源，其中也保存了很多中国史料。

② 这里指天主教和基督教新教，更早时期传入中国的景教一般被西方人视为异端邪说，不算在基督教的范围以内。

不过他却默许自己的母亲、妻子、儿子，以及 50 多名宫廷贵妇入了教①。公元 1773 年，执政 60 年的康熙帝告别人世。

康熙画像

康熙帝去世前，已经指定他的第 4 个儿子雍正继承皇位②。这位皇帝在位时间很短，公元 1735 年就去世了。雍正帝去世后，他的儿子乾隆从公元 1735 至 1796 年执政。乾隆皇帝自视为中国有史以来最成功的皇帝，认为他的国家比其他国家面积都广阔，财富都殷实，粮仓都充盈。话虽如此，乾隆帝镇压对手的手腕其实一点儿不逊色于他的父亲，这在大清帝国内部引发了若干次反抗。

据中国的历史学者说，乾隆帝具有很多“特异功能”。例如，他

① 多位西方人的相关专著都曾提到康熙帝时期有皇族加入基督教，不过译者从未查到过相关的中文史料。

② 坊间主流的说法是雍正篡改诏书继位，但也有观点认为康熙帝鉴于自己执政时期过于心慈面软，就是有意要把皇位传给比较铁腕的四子。

的眼睛不需要转头就可以后视，他的大耳垂肩，双手可以够到膝盖。乾隆皇帝除身体上具有很多“特异功能”外，精神上也非常尚武、好战。正是在乾隆帝统治时期，清军彻底平定了伊犁①。乾隆帝执政时期发动的另一场大规模战争是征讨库尔喀（ghurkhans）之战②。这次战役中，他手下的将领率领70000军队攻入尼泊尔，还深入英国控制区域60英里。随着库尔喀人的臣服，大清帝国西南边疆的安全得到了加强。

乾隆帝时代的大清帝国虽然频频使用武力，国家发展并未受到明显影响，财富仍在快速积累当中。这个时期的乾隆帝不但是大清帝国的皇帝，也是周围很多小国家名义上的宗主。这些小国家慑服于大清帝国的强大，崇拜这个国家的文明，争先恐后成了大清的藩属。同样是在乾隆帝时代，欧洲与中国的外交接触急剧增长。公元1684年，东印度公司在广州建立了商站③。遗憾的是，由于当地官员从中作梗，这家商站的经营异常惨淡，英国无法取得预期的利益。最终，英国政府决定派遣马戛尔尼勋爵④代表乔治三世国王前往北京洽谈相关事宜。马戛尔尼受到大清皇帝的热情接待，也向大清皇帝转交了英国国王赠送的大量礼物。得到大清皇帝允许的马戛尔尼相继参观了热河和圆明园，不过他此行的成果仅仅是获得了英国人可以继续在广州与大清通商的权利，存在的问题没有得到任何解决。马戛尔尼此行因此被认为是一次彻头彻尾的失败，只有他本人因为受到大清皇帝的种种礼遇而沾沾自喜。

---

① 指乾隆在1757年最终平定了准葛尔。

② 1788—1792年，乾隆派大将军福康安率军反击库尔喀，也就是今天的尼泊尔侵占中国西藏领土的战争。

③ 1684年，平定台湾的康熙帝开放海禁，英国东印度公司得以来华在广州设立商站从事贸易。

④ Macartney，1737—1806，英国近代著名政治家，1793年率使团以给乾隆皇帝祝寿为名抵达中国，希望通过谈判打开中国市场，最终无功而返。

公元1795年，执政满60年的乾隆帝主动把皇位让给儿子，然后又当了3年太上皇。公元1795年至1820年，乾隆皇帝的第15个儿子嘉庆皇帝成了这个国家的统治者。嘉庆皇帝这个人当皇子的时候就举止粗鲁、品行卑劣。他当皇帝的这25年，大清帝国逐渐风雨飘摇。嘉庆皇帝本人执政期间就曾遭到两次行刺。第1次是在北京的大街上，由于护卫玩忽职守，皇帝差点儿丢了性命①。第2次发生在紫禁城，要不是当时的皇子旻宁（miening），也就是后来的道光皇帝及时出手，他可能就真的被杀了②。嘉庆皇帝自己这样描述当时的情形：

朕以凉德，仰承皇考付托，兢兢业业，十有八年，不敢暇豫。即位初，白莲教煽乱四省，黎民遭劫，惨不忍言，命将出师，八年始定。方期与吾赤子，永乐升平。忽于九月初六日，河南滑县，又起天理教匪，由直隶长垣，至山东曹县，亟命总督温承惠率兵剿办，然此事究在千里之外；猝于九月十五日，变生肘腋，祸起萧墙，天理教匪七十余众，犯禁门，入大内，戕害兵役。进宫四贼，立即捆缚；有执旗上墙三贼，欲入养心门，朕之皇次子亲执鸟枪，连毙二贼，贝勒绵志，续击一贼，始行退下，大内平定，实皇次子之力也。隆宗门外诸王大臣，督率鸟枪兵，竭二日一夜之力，剿捕搜拿净尽矣。我大清国一百七十年以来，定鼎燕京，列祖列宗，深仁厚泽，爱民如子，圣德仁心，奚能缕述？朕虽未能仰绍爱民之实政，亦无害民之虐事，突遭此变，实不可解。总缘德凉愆积，惟自责耳。然变起一时，祸积有日，当

---

① 1803年，嘉庆帝从圆明园返回紫禁城时，在神武门遇刺，刺客是47岁的北京当地人陈德。由于事发突然，侍卫根本没来得及反应，嘉庆帝差点丢了性命。

② 指1813年10月8日发生的白莲教攻打紫禁城事件，嘉庆皇帝当时其实不在宫中，未来的道光皇帝以皇子身份带人击退了白莲教的进攻，因而得到父亲嘉奖。作者此处说法不准确。

今大弊，在“因循怠玩”四字，实中外之所同，朕虽再三告诫，舌敝唇焦，奈诸臣未能领会，悠忽为政，以致酿成汉唐宋明未有之事。较之明季梃击一案，何啻倍蓰？思及此，实不忍再言矣。予惟返躬修省，改过正心，上答天慈，下释民怨。诸臣若愿为大清国之忠良，则当赤心为国，竭力尽心，匡朕之咎，移民之俗；若自甘卑鄙，则当挂冠致仕，了此一身，切勿尸禄保位，益增朕罪。笔随泪洒，通谕知之。[①]

总的来说，由于皇帝的无能，政权的腐败，嘉庆帝统治时期各地爆发起义已经成了家常便饭。

公元 1816 年，鉴于英国商人在广州的境遇没有得到丝毫改善，英国政府再次向北京派出了阿美士德勋爵[②]领衔的外交使团。访问期间，阿美士德勋爵被要求向大清皇帝磕头行礼。本着公平原则，勋爵要求大清官员同时向英王乔治三世的画像磕头行礼。双方僵持不下，使团因此没能得到皇帝的接见。

嘉庆皇帝其人虽然并非一无是处，却无论如何也算不上是一位称职的君主。据说，他的某位大臣曾指责这位皇帝过于沉迷酒色，因此降低了他在臣民眼中的地位。皇帝龙颜大怒，把这位大臣叫到面前臭骂一顿，让他自己给自己挑个死法儿。这位大臣选择五马分尸。皇帝于心不忍，让他再挑些别的死法儿，大臣又先后选择了上吊自尽、砍头，以及被人用绳子勒死。皇帝没表态，让他回家等死。这位大臣回家等了一宿的死，结果第二天却得到了被任命为伊犁将军的消息。这

① 这道诏书史称“嘉庆遇变罪己诏”。诏书原文参考本书直接引自《清实录》第 31 册 p722—723，原文为繁体，现改为简体，句读是译者加的。

② Amherst，英国外交官，1816 年奉命到中国商谈通商问题，因拒绝向嘉庆帝行叩头礼而未能完成使命，后任驻印度总督。

西方人在中国游历

位大臣后来因为敢于直言犯上获得了很高的知名度[①]。

公元1820年至1850年，道光皇帝接替父亲执掌大清帝国。这位皇帝精力充沛，也很有知识学养，可是一旦登上皇位，就把君主的职责抛到脑后，忘记了当年的许诺，沉迷到个人享乐当中。道光皇帝统治时期，英国商人在广州的处境变得更糟。1834年，英国政府终结了东印度公司的对华贸易垄断权，开始直接操控这项业务。律劳卑勋爵[②]奉命出任驻华商务总监。律劳卑来到中国后承受了巨大的压力，很快就在澳门病死了。

同样是在这个时期，不断增长的鸦片贸易加剧了中英两国的矛盾，大清朝廷尝试采取各种方式禁绝鸦片，最终却没能取得成功。事

① 原文如此，嘉庆帝执政时期总计有6个人担任过伊犁将军，但未发现与作者描述相匹配的人。

② William John Napier，1786年10月13日—1834年10月11日，英国政治家、外交家、皇家海军军官，1834年奉命出任首任驻华商务总监。这位英国外交官1834年试图前往广州履职时，遭到满清地方官员严词拒绝，中英两国因此爆发了规模有限的军事冲突，史称“律劳卑事件”。作者说的就是这段历史。

实上，鸦片之所以屡禁不绝，很可能跟大清商人和官员本身涉足鸦片贸易有很大的关系。矛盾发展到极端，公元 1840 年，鸦片战争爆发，大清军队一败涂地，英国远征军首先占领了舟山，广州的沙角炮台随后也被攻破。清廷被迫默许了英国对香港岛的控制权，并支付了 600 万银元[①]。

鸦片战争开始后，广州的实际控制权落到了卧乌古爵士[②]的手里，后来厦门、宁波、定海、乍浦、上海、靖江、南京等地也相继被攻克。1842 年，亨利·璞鼎扎[③]爵士代表英国与大清朝廷签订和约，在广州以外，增加了厦门、福州、宁波和上海 4 个地方作为对外通商口岸，并向英国赔偿 2100 万银元。鸦片战争结束后，西方人进入中国的数量出现了明显增加。

公元 1850 年，大清帝国内部危机重重，道光帝去世，他的儿子咸丰帝的统治一直持续到公元 1862 年。咸丰帝当政期间发生的最重要事件就是太平天国起义。这场起义蔓延了半个中国，要不是西方列强及时出手协助镇压，清廷很可能就撑不住了。这场起义的缘起是广西当地的百姓发现咸丰帝即位后，自己悲惨的生活状况并没有得到根本改变。这些对清廷心怀不满的人成立了以“天地”为名号的宗教团体[④]。一位洪姓[⑤]年轻人抓住机会，联合多路力量，利用宗教和反清复明这两面大旗的号召力，发动了起义。

---

① 中国自晚明时代起，由于西方银元大量涌入，开始出现“两”和“元”两种白银货币单位共存的情况，其中又以西班牙银元使用最为普遍，这种银元被称为“本洋”，鸦片战争的赔款全部是以本洋支付的。作者这里说的是清廷为从英军手中赎回广州城支付的 600 万银元“赎城费”，不在后来中英《南京条约》规定的赔款范围以内。

② sir Hugh Gough，中文史料也有译为“郭富”的，英国陆军少将，鸦片战争时是英军来华地面部队的总司令。

③ sir Henry Pottinger，早年在英国海军服役，1840 年在侵略阿富汗的战争中被晋封为男爵，1841 年被英国政府任命为侵华全权代表，鸦片战争后出任首任香港总督。

④ 指洪大全领导的反清组织天地会。

⑤ hung，即后来的太平天国天王洪秀全，以下为行文方便，直接翻译为洪秀全。

洪秀全的出身非常低贱，却饱含上进心。青少年时代，他曾多次前往广州参加科举考试，试图进入大清官场。很遗憾，尽管天赋异禀，洪秀全却始终名落孙山。就在多次落榜，灰心丧气之际，他从一位美国传教士[①]那儿接触到了基督教，只不过当时的他并没太把这门宗教当回事。4 年后，洪秀全再次前往广州参加科举考试，再次名落孙山，又非常巧合地再次遇到了那位传教士。这时的洪秀全尽管没有接受洗礼，却对基督教表现出了更多的兴趣。

回家后的洪秀全陷入了极度悲伤忧郁的状态，很快就病倒在了床上。病中的他据说听到了神的召唤，赋予他手持宝剑，推翻大清王朝的权力。受到神的鼓舞，洪秀全决定发动起义。他成立了拜上帝会，号召受压迫的贫苦百姓都来参加，原先信奉“天地”的人也纷纷改投到洪秀全麾下[②]。清廷发现了危险的苗头，派遣将领带兵镇压，然而镇压效果并不理想，洪秀全连续取得胜利。起义者的队伍因此声势大壮，洪秀全手下的兵马越来越多，最终让他有能力夺取了距离海岸线 850 英里的重要城市汉口。夺取汉口后，洪秀全挥师沿长江而下，直捣南京，打败了驻防当地的 25000 名清军，建立太平天国。洪秀全由此自称“天王”。登上宝座的洪秀全很快忘记了当初的许诺，逐渐堕落起来。为了保持手下的忠诚，堕落了的洪秀全也对这些人的堕落视而不见。

太平天国起义之所以快速取得成功，还要感谢一艘名为“亚罗（arrow）”号的老闸船[③]。这条船上的水手全部是中国人，但悬挂英国国旗。1857 年，清军强行扣留、检查了这条船，英国因此再次向大清

---

① 指美国传教士罗孝全，Issachar Jacob Roberts，他在 1847 年跟洪秀全结识，两人有过很深的交往。

② 指太平天国运动早期，天地会与拜上帝会联合。

③ orcha，又称“鸭屁股”，正式的说法叫“西式中国三桅帆船”，是明代中国工匠借鉴葡萄牙技术设计出来的采用西式船体和中式三桅风帆的帆船。

洪秀全与随从在南京城。1864 年刊载于法国画刊的铜版画，
这是西方人描绘太平天国领袖及其随扈最为清晰完整的图画。

帝国宣战[①]。接到米切尔·西摩尔海军上将[②]十万火急的报告后，额尔金勋爵[③]受命率领 5000 人前往增援。同年 10 月，广州落入西摩尔手中。次年 5 月，战斗再次爆发，道格拉斯教授（professor Douglas）描述了当时的情形：

他成功击溃了清军征集广州周边地区的大小船只组成的临时舰队，凯珀尔准将（commodore Keppel）和哈里爵士（sir Harry）两位指挥官则相继率领英军连续击溃清军水师部队，清军来自佛山的部队损失尤其惨重。这之后，西摩尔率领舰队主力冲在前面，凯珀尔准将带着较小的战船负责殿后，准备扩大战果。

与此同时，海军陆战队成功登陆，清军未做有效抵抗，便仓

① 即第二次鸦片战争。
② admiral Michael Seymour，清代史料一般把他的名字翻译为“西马縻各厘爵士”。
③ lord Elgin 英国布鲁斯家族古老的贵族封号，这里说的额尔金指的是这个家族的第 8 代传人詹姆斯·布鲁斯，他因劫掠希腊的帕特农神庙和火烧中国的圆明园而恶名昭著。

皇撤退。相比陆军，清军水师的抵抗明显更坚决一些。河面上的清军战船虽然不断遭到英军炮击，却始终没有停止还击。凯珀尔准将率领500人规模的小舰队，效仿纳尔逊①在特拉法尔加海战中使用的战术，突袭冲入清军水师阵线，将他们的队形割裂开来。凯珀尔准将本人亲自率领英军士兵采用跳帮战术，登上了对手最大的战船，那条船上的清军水兵很快就弃船逃跑了。清军虽然主动弃船，却也算不上仓皇逃窜，相反，这或许还是某种战术。凯珀尔准将等人登船时，这条船的弹药库已经被清军士兵点燃，要不是他们跑得快，很可能就被炸得粉身碎骨。

总的来说，英军在这次战斗中取得了压倒性的优势。很多清军战船起火燃烧，还有的战船被直接抛弃，只有很少的几条船完好无损地撤到了佛山水域。此时的英军其实也损失惨重，可建功心切的凯珀尔准将却立刻率领部队向佛山发动了进攻。负责守卫佛山的是一支装备齐全的清军水师部队，他们严阵以待。凯珀尔准将的座舰被击沉，虽然他很快恢复了对部队的指挥，英军的攻势还是明显慢了下来。看到这种情况，西摩尔上将下令主动撤退。

清军的顽强抵抗并没能为大清帝国挽回败局。公元1857年的圣诞节，额尔金勋爵向清廷提出了主要涉及广州通商和战争赔款等内容的条约草案。这个要求遭到断然拒绝，英军随即发布最后通牒，要求广州城的老百姓在48小时内撤到城外。12月28日，英军对广州城发动猛烈炮击，城市很快陷落，正在试图逃跑的叶姓总督②成了英军陆战队的俘虏。叶总督后来被转移到印度加尔各答看押，就死在那里。

① Nelson，号称英国皇家海军之魂，1805年在特拉法尔加海战中击溃法国和西班牙联合舰队，破坏了拿破仑登陆英伦的计划，他本人也在这场战役中阵亡。

② yeh，即时任两广总督叶名琛，字昆臣，湖北汉阳人，累官至两广总督擢授体仁阁大学士。第二次鸦片战争中被俘，以“海上苏武”自诩。

英国随即在广州成立了临时管理机构，主要负责人是 3 位欧洲人，即巴夏礼先生[①]（后来由哈里爵士接替）、海军陆战队的霍洛韦（Holloway）上校，还有 1 位法国海军军官。

占领广州的额尔金向北京派去了信使，通报了最新的局势，再次申明了恢复和平的前提条件。清廷对此采取敷衍了事的态度，西摩尔上将奉命夺取大沽炮台。此时英国向清廷提出的条件主要包括同意女王政府向北京派驻长期公使，同时在原有通商口岸的基础上，向西方人开放 5 个新的口岸，分别是牛庄[②]、登州[③]、台湾、汕头，以及位于海南岛的琼州。1859 年，额尔金勋爵打算乘坐炮舰沿河上溯，前往北京正式签订条约，清廷再次从中作梗，战火重燃。英法联军占领了大沽炮台，随即向北京进军。就在这个关键时刻，清廷扣押了奉命前去接洽的巴夏礼爵士[④]和洛赫先生[⑤]（后受封为爵士），将他们扣留在距离北京大概 10 英里远的通州，双方在这个地方举行了会谈。来自清廷的代表拒绝承认此前已经成型的条约草案，额尔金勋爵下令进攻北京，迫使大清皇帝接受英法提出的条件，解救遭到扣押的外交代表。

英法联军进攻过程中，圆明园遭到焚毁，咸丰皇帝出逃，奉命留守的恭亲王[⑥]基本全盘接受了英国提出的条件，同意对西方开放开放牛庄[⑦]、烟台、九江、靖江、汉口、台湾，以及北海[⑧]等地，允许英

---

① 原文为 Mr Parkes，参考史料，应指时任英国驻广州领事的巴夏礼，Sir Harry Smith Parkes，也就是后来被僧格林沁扣押的外交代表团成员，跟前面提到的指挥英军作战的哈里爵士不是一个人。

② 这个地方距离营口非常近，后来通商过程中西方人发现牛庄条件比较差，就选择营口作为替代，不过很多人并不了解其中内情，所以他们字面上说的牛庄往往实际指的却是营口。

③ 今烟台。

④ 巴夏礼在 1859 年 12 月 6 日获得贵族封号，因此作者对他的称呼由 Mr 变成了 sir。

⑤ Henry Brougham Loch，额尔金的助手。

⑥ prince Kung，即恭亲王奕䜣。

⑦ 如前所说，实际指营口。

⑧ 广西境内。

国向北京派驻长期公使。

遭焚毁的圆明园

英法联军还没来得及从北京周边全部撤离，诡异的阴云再次笼罩这座城市。当时的恭亲王为了换取联军尽快撤离帝国首都，可谓无所不用其极，什么条件都愿意接受，而且已经跟联军将领就撤军时间达成了比较明确的共识。俄国感觉有机可趁。据说，时任的俄国驻北京公使私下找到恭亲王，表示愿意居中调停，促使联军尽快撤军。作为回报，清廷应向俄国出让位于普里莫尔斯科①地区两个省份的利益。恭亲王有病乱投医，落入了圈套，俄国人假意出面“调停”，骗走了大把利益。

不管怎么说，英法联军终于还是从北京撤走了，清廷得以腾出手来，镇压太平天国。之前镇压行动的失败让他们对自己的将领失去了

① 原文为 primorsk，指俄罗斯在里海的港口城市普里莫尔斯科。当时的实际情况是沙皇俄国在 1860 年趁火打劫，强迫清廷签订中俄《北京条约》，承认此前的中俄《瑷珲条约》，夺取了乌苏里江以东的 43 万平方公里土地，跟里海没有关系。

信心，为了加大镇压力度，清廷找到英国驻北京公使弗雷德里克·布鲁斯爵士①，希望由他推荐一位英国军官，负责领导针对太平天国的镇压行动。弗雷德里克·布鲁斯爵士当时急于修复被战争破坏的外交关系，很快便推荐了时任少校的戈登②，也就是后来的戈登将军。他领导的那支部队被命名为“常胜军”，这个名字大体上可算是名至实归。“常胜军”原先的领导者是个美国人，名叫“华尔③”，后来在战斗中阵亡了。戈登接手后，常胜军取得了一系列胜利，成功拿下了苏州，为后来攻克南京奠定了基础。苏州的战斗结束后，常胜军跟后来的直隶总督李鸿章合兵一处。李鸿章的部队对待俘虏非常残忍，戈登听到后非常生气，就拿着手枪去找李鸿章讲理，指责对方在自己不知情的前提下拉着他合谋做坏事。李鸿章因此吓得仓皇而逃。

目前有充分的证据显示，李鸿章和戈登的冲突很可能是因为语言不通、沟通不畅造成的误会，尽管如此，双方的隔阂已经造成。李鸿章和他的部下为此处处排挤戈登，剥夺了他的指挥权，迫于压力的戈登被迫辞职。那之后没过多久，另一位清军将领曾国藩率军攻克了被太平天国定为首都的南京。洪秀全不愿落入敌手，吞金自杀④。清军入城后，发现了他身穿黄色丝绸龙袍的尸体。洪秀全追随者中的很多人步了他的后尘，只有极少数的幸运儿从南京城逃了出去。延续前后 10 年，差点儿撼动大清帝国的起义就此偃旗息鼓。

咸丰皇帝没能活着看到这场胜利。公元 1859 年，他死在了热河，继承皇位的是年仅 5 岁的同治帝。早在太平天国起义还没被完全镇压

---

① sir Frederick Bruce，额尔金的弟弟，1860—1865 年任英国驻北京公使。

② 即 Charles George Gordon ，查理·乔治·戈登，受雇于清廷负责领导镇压太平天国运动的“常胜军”的指挥官。

③ Ward，即最早率领洋枪队镇压太平天国的美国人华尔。

④ 洪秀全在清军破城前吞金自杀的说法在西方流传非常广泛，不过中国史料比较普遍的说法还是认为他在破城前已经病逝，清军入城后又把他从坟墓中挖出来，挫骨扬灰。

下去的时候，西方曾表示愿意为此向清廷提供贷款和资助，前提是中国的海关控制权必须交由外国人控制一段时间。西方国家通过这笔买卖狠狠地赚了一笔，中国则为此付出了惨重的代价。直到今天，这个国家的海关仍旧掌握在外国人手中。从 1861 年开始，罗伯特·赫德[①]爵士就成了这个机构的最高领导。清廷通过出卖海关控制权的确获得了急需的外部援助，不过这点儿利益跟由此造成的损失相比是不可同日而语的。

同治帝 1862 年至 1875 年在位，他的生身母亲就是今天仍然健在的慈禧太后[②]。慈禧太后当年是咸丰皇帝后宫位列第二的嫔妃。为皇帝生了这个儿子以后，她被提升到几乎跟正宫皇后[③]平级的地位。这两位女士在咸丰皇帝死后奉命代替仍然年幼的新皇帝治理国家，获得了东太后和西太后的称号，新皇帝的叔叔恭亲王成了她们最依仗的幕僚。

同治帝在位期间大清帝国内部发生的重大事件是西北和西南地区的回民起义，主要的涉外事件则是所谓的“天津教案[④]”。这次事件的起因是天津当地有谣言说天主教的神甫和修女拐骗、杀害中国儿童，用他们的眼睛做药。1870 年 6 月 21 日，受到蛊惑的中国老百姓冲进法国驻天津领事馆，打死了托马辛（Thomasin）夫妇、皮埃尔·谢弗瑞（Pere Chevrien），以及查尔麦森（Chalmaison）夫妇，当地的法国天主教堂随后被烧成了白地，法国开设的教会医院和孤儿院也受到围攻，供职于这两个机构的修女遭到杀害，受她们庇护的 30 至 40 名

---

① sir Robert Hart，1861 至 1911 年任大清海关总税务司，死后被清廷追授为太子太保。

② 本书成书于 1903 年，慈禧死于 1909 年。

③ 指东太后慈安。

④ 1870 年 4 月至 5 月，天津连续发生儿童失踪、绑架案件。同年 6 月，由于天气炎热，疫病流行，法国教会承办的育婴堂出现了儿童大量死亡现象，谣言传播，引发社会动荡。6 月 21 日，天津当地因此发生了针对法国天主教人员的大规模袭击事件。

中国孤儿也遭到波及。有对不幸的俄国夫妇在前往教堂举行婚礼的过程中被误认为是法国人，他们和参加婚礼的来宾也被打死。为了弥补这次事件带来的不利影响，清廷撤职了一大批地方官，专门派遣特使前往巴黎道歉，还支付了大笔赔款。

公元 1872 年，同治帝结婚，10 位最美丽的满族少女从大概 700 位竞争者中脱颖而出，成了皇后的候选人。这 10 个人又经过慈禧等人亲自挑选，一位名叫"阿鲁特[①]"的少女最终胜出。同治帝和阿鲁特氏结婚的日期是经过钦天监反复测算选择的良辰吉日。那天的凌晨 2 点，紫禁城正门大开，阿鲁特氏来到新家，在专属皇后的宝座上接受众人朝贺，接过了象征皇后的印绶。陪同阿鲁特氏进宫的送亲队伍包括众多王公大臣，队伍里的旗帜和伞盖数都数不过来。总的来说，中国皇帝结婚的流程跟普通老百姓没太大区别，只是规模、排场更大而已。

同治帝结婚后，两宫太后按照规矩将手中的权力交还给他。各国驻北京公使认为他们应该利用这个机会，进宫觐见新皇帝，祝贺他结婚并亲自执政。经过无休止的讨价还价，觐见的日期最终被确定为 1873 年 6 月 29 日。以下关于觐见细节的记载来自当时发行的《帕尔玛尔报（pall mall gazette）》：

> 那天一大早儿，各国公使就乘坐轿子，来到位于皇宫西侧的西苑[②]门外下轿，然后由等在那里的清廷大臣引领着进入休息室，

---

① 即孝哲毅皇后，1854 年 7 月 25 日—1875 年 3 月 27 日，蒙古正蓝旗人，大学士赛尚阿的孙女，顾命八大臣郑亲王端华的外孙女，三等承恩公户部尚书崇绮的女儿，东太后慈安的外甥女。

② 即今天的中南海、北海，清廷当时认为洋人没资格进入皇宫觐见皇帝，但各国公使又坚持必须觐见，所以最终的妥协结果是把觐见仪式安排在中南海紫光阁。这个地方历史上主要被清朝皇帝用来接见外邦使臣，理论上也算皇城的范围以内，双方都可以接受。

皇帝的厨房为他们提供了茶水和点心。这之后，公使们又被带到了位于紫光阁西侧的椭圆形帐篷里[①]，见到了恭亲王和帝国的主要大臣，大家一起恭候皇帝驾临。皇帝进入帐篷后，日本公使首先上前觐见，各国公使随后依次向皇帝表达了敬意。

觐见过程中，皇帝始终面朝正南坐着，身边侍立着恭亲王等重要大臣，大概四五个人的样子。觐见的公使来到场地中间站住，鞠躬致意，向前一小步，再鞠躬，然后再向前一小步，来到距离皇帝的龙书案非常近的位置，鞠第 3 次躬。完成这套流程，公使便站直身体，侍立到场地两侧。所有公使都鞠过躬以后，俄国公使首先用法语宣读了国书，向皇帝表示祝贺，中国的翻译同步将他的话翻译成汉语，讲给皇帝听。国书宣读完毕，公使把国书呈递到龙书案上，退到两侧。其他国家公使依照同样的程序，再宣读、呈递各自的国书。

国书呈递结束后，皇帝向公使得体地点头致意。恭亲王站到位于皇帝宝座前面左侧的位置，依照中国礼节双膝下跪，代表皇帝用满语宣读了诏书，大概意思就是说皇帝已经非常高兴地接受了他们的国书。这之后，恭亲王又双臂平伸，高举着诏书，沿左侧台阶走下安放宝座的高台，来到离公使们更近的地方，用汉语把诏书又宣读了一遍。这之后，他又双膝跪下，代表皇帝向公使们表达美好祝愿，希望他们能对这次觐见感觉满意。

结束觐见的公使退出帐篷，按原路离开西苑。

同治帝是个短命的皇帝，结婚没多久就死于天花[②]。阿鲁特氏皇

---

① 乾隆帝当年在热河就是在帐篷里接见马嘎尔尼的，意在通过这种姿态表达“不是正式会见，不重视洋人”的意思，同治帝因此借鉴了祖上的做法，表达同样的意思。

② 坊间传闻同治帝私自外出嫖娼，最终染上梅毒身亡，但正式史料明确记载他死于天花。

后随后也死了，据说是因为皇帝死后过于伤心，所以就把衣服上的金纽扣摘了下来，吞金自杀①。死去的同治帝没有儿子，因此清廷就需要在众多皇亲国戚中替他物色一个继承人。慈禧最终选择了醇亲王②年仅 4 岁的儿子，同治帝年仅 4 岁的堂弟，他就是今天仍然在位的光绪帝。

公元 1875 年，柏郎上校（colonel Browne）组织了一支针对缅甸和中国西南地区的探险队，意在寻找一条通过缅甸巴莫地区进入中国的商路。探险途中，英国外交官马嘉里（Margary）被杀，整个行动因此没能取得预期的成果③。公元 1876 年，英国和清廷为解决马嘉里事件签订了《烟台条约》，后者同意为这次事件支付 200000 两白银的赔偿。除此之外，双方还就鸦片进口中的运输路线问题达成了相关协议，清廷不但新增了 4 个通商口岸，还在长江沿线为外国商船提供了 6 个合法的停泊点。

公元 1881 年，东太后去世，西太后，也就是现在的慈禧太后得以大权独揽。公元 1882 年，法国侵入东京湾④地区。这个地方并不属于中国的领土范围，却跟这个国家存在着深厚的历史渊源，清廷在当地有军队长期驻防。公元 1884 年，法军占领了具有重要战略价值的北宁省⑤。当时的清廷自顾不暇，只得默许法国对东京湾地区的侵占，撤回了驻防该地的军队。作为交换条件，法国许诺决不为此威胁中国

---

① 坊间传闻同治皇后阿鲁特氏死前已经怀孕甚至生产，而且还通过同治帝染上了梅毒，不过这种说法没有明确的史料支持。目前比较得到公认的说法是阿鲁特氏皇后在同治帝去世 70 多天后自杀或病死，至于是否怀孕或生产则无据可查。

② prince chun，即光绪帝的生父，第 1 代醇亲王奕譞。

③ 1874 年，英国派出以柏郎上校为首的探险队，由近 200 名士兵武装护送，探查缅滇陆路交通。英国驻华公使派翻译马嘉理参加这支探险队。1875 年 1 月，马嘉理到缅甸巴莫与柏郎会合，然后向云南边境进发。2 月 21 日，他们在云南腾越地区的蛮允附近与当地少数民族发生冲突，马嘉理与数名随行人员被打死，史称“马嘉理事件”或“滇案”。

④ Tongking，今北部湾。

⑤ Bacninh，今越南境内。

清末的北京前门大街

西南边境地区的安全。事情并未按照双方的预期发展，清军和法军最终在谅山地区爆发冲突，法军的人员和物资都损失惨重。

战争的爆发由此无可避免。作为报复，法军歼灭了清军驻守福州的舰队①。清军陆军后来又在台湾淡水地区给予法军沉重打击②。这之后，双方你来我往，各有胜负。公元 1885 年，罗伯特·赫德爵士居中斡旋，促成双方坐下来展开和平谈判，他的工作做得非常成功。据说，赫德爵士某天曾在总理衙门对诸位公使报告情况说："9 个月前，你们委托我就和平谈判问题居中斡旋，现在……"

"现在，你的斡旋终于有了结果。"公使们打断了他的话。

"是的，和平已经恢复了！"

从某种意义上来说，清廷和法国签订的条约基本是按赫德爵士最初提出的设想构建的。1886 年，英军进攻缅甸。大清帝国此时还是缅

① 指马尾海战。
② 指后来被任命为台湾首任巡抚的刘铭传指挥台湾民众抗击法军登陆的战斗。

甸的宗主国，不过那也只是名义上的了。英军很快攻占了曼德勒，驻防缅甸的清军主动撤回国内[①]。

第二章　光绪帝亲政

公元1889年，光绪帝正式开始执掌大权，慈禧太后从前台退到了幕后，她专门为此发布了一道旨意。1889年2月26日，光绪帝大婚。同年3月4日，慈禧归正随后从紫禁城移居颐和园，过起了名义上的“退休”生活：

前因皇帝甫经亲政，决疑定策，不能不遇事提撕，勉允臣工之请训政数年。两年以来，皇帝几余典学，益臻精进，于军国大小事务，均能随时剖决，措置合宜，深宫甚为欣慰。明年正月，大婚礼成，应即亲裁大政，以慰天下臣民之望。[②]

年轻的光绪帝随后也投桃报李地发布了一道旨意：

朕以冲龄入承大统，神器至重，惧弗克胜。仰赖皇太后垂帘听政，孜孜求治，朝昃不遑，惟一二日，慎敕几康，历十四年，无闲终始。用能内修外攘，久道化成，胥海禹而咸措乂安，俾藐躬以承庥蒙业。凡此大猷之丕焕，实皆圣善之宏敷。迺谦冲常切于慈怀，而期望弥殷于嗣服，前岁即颁谕归政，经朕率廷臣再三吁恳，始允训政数年。兹复钦奉徽纶，重申成命，以朕春秋方

① 1886年，英国看到中法战争后法国成功侵占了越南，就开始打缅甸的注意，发动了第3次英缅战争，通过与清廷签订条约，将缅甸吞并为英属印度殖民地的一个省。这种情况一直持续到1948年1月4日缅甸独立。

② 这道懿旨实际发布于1888年7月27日（光绪十四年六月十九），诏书原文参考本书直接引自《清实录》第55册p446，原文为繁体，现改为简体，句读是译者加的。

富，典学有年，宜及时而亲总万几，与在廷而共熙庶绩。朕自维凉薄，益懔冰渊，顾念祖宗付托之重，艰钜统集于一身，敬体圣母宵旰之劳，尊养待伸夫寸报，敢不谨遵懿旨，力任仔肩。昭告天、地、宗庙。社稷，于光绪十五年二月初三日亲裁大政。惟率循期于由旧，在恪守列圣之成规，凡损益贵乎因时，仍亲秉慈闱之彝训。

……①

光绪

明信片上的光绪皇后

光绪帝亲政后的第 2 年，也就是 1890 年，英国开始尝试从印度向中国西藏境内渗透，开辟商路，双方为此爆发了一系列冲突。公元 1894 年，大清帝国与日本爆发战争。战争的起因是朝鲜国王请求清廷派兵协助镇压国内的东学党（tonghak）起义，日本依据 1885 年签订的相关协议在没有知会清廷的前提下同时向朝鲜派兵。两军在朝鲜擦枪走火，日本随即向大清帝国宣战。1894 年 7 月 27 日，日本海军首先击沉了运载清军部队的蒸汽轮船“高升（kowshing）”号。9 月 17

① 诏书原文参考本书直接引自《清实录》第 55 册 p564—565。这道诏书比较长，作者只引述了前半部分。原文为繁体，现改为简体，句读是译者加的。

日，两国海军在鸭绿江口发生大规模海战，清军舰队损失了 5 艘军舰。10 月 25 日，日军从朝鲜越过边境，侵入中国满洲地区，随后再于 11 月 21 日攻占了旅顺港。这座港口是当时清军最重要的军事基地，拥有重金修建的船坞和大批战略物资储备。

1894 年 11 月 9 日，日军在山东半岛登陆。1895 年 2 月 12 日，他们的海、陆军联手进攻清军最后的堡垒威海卫。清军舰队的残余舰艇投降，丁上将[①]在舰队投降前 3 天自杀殉国。同年 3 月，清军陆军在牛庄[②]连续战败。仗打到这个地步，清廷无力支撑，只得任命大清帝国最具知名度的总督大人李鸿章为全权大臣前往日本求和。李鸿章在日本遭到暗杀[③]，不过这并没有影响双方的停战谈判。4 月 17 日，清廷与日本最终达成了这样的协议：① 承认朝鲜的独立地位（实际是默许日本将朝鲜变成自己的殖民地）；② 向日本割让台湾、澎湖列岛和辽东半岛，辽东半岛最终由于德、法、俄等国干涉，没被割让给日本，而是换成了 3000 万两白银的赎金[④]；③ 向日本赔款白银 2 亿两；④ 增设 5 个新的通商口岸。

同样是在 1895 年，眼看日本觊觎满洲利益，俄国赶紧逼迫清廷签订了一系列协议，确保自己在这个地区的特权。俄国人修建的西伯利亚铁路当时已临近完工，清廷依据协议，允许他们把这条铁路延伸到中国境内[⑤]。延伸到中国境内的铁路主要包括两条干线。其中一条从俄国港口城市弗拉迪沃斯托克经珲春连接吉林，另一条直接从西伯利亚地区进入中国，途经瑷珲、齐齐哈尔等地，最后抵达吉林。依据

---

① admiral Ting，即北洋水师提督丁汝昌。

② 如前所述，实际指营口。

③ 1895 年 3 月 24 日下午 16 时 30 分左右，前往马关与日本谈判的李鸿章在街上遭到枪击。

④ 甲午战争后，德、法、俄出于自身利益，迫使日本放弃了辽东半岛，史称“三国干涉还辽”。

⑤ 即中东铁路。

协议，这条铁路由俄国出资修建并派人管理。铁路开通 30 年后，清廷可以“收回”铁路的控制权，不过具体怎么个“收回”法儿，俄国人也没明说。

大清帝国当时在关内地区已经修建了一条铁路，他们希望把这条铁路从山海关延伸到关外，连接沈阳和吉林。清廷的想法很好，可没有钱。俄国人愿意出资修建连接吉林和山海关的铁路，不过前提是铁路修好后路权归他们所有，期限为 10 年。10 年后，清廷可以通过合适的方式“收回”路权。这条铁路途径牛庄[①]、盖平、锦州、旅顺等地，铁路范围以内要依照俄国人制定的法规实施管理。除此之外，俄国不但获得了与清廷“共同”开发黑龙江、吉林等地矿产资源的权利，还可以在满洲地区驻扎部队，旅顺、大连这两个具有重要战略价值的港口的控制权也落到了俄国手中。

大清门

① 如前所述，实际指营口。

1894年战争爆发前，中国沿海地区被外国人占据的领土只有葡萄牙从1537年开始控制的澳门和英国从1842年开始控制的香港。通过1894年的战争，日本把中国台湾抓在了手里。如果不是德、法、俄3国坚决阻止，整个辽东半岛也可能成为日本的殖民地。公元1897年，德国借口两名传教士被杀，派军舰强占了胶州湾，清廷迫于压力，同意将这个港口“租借”给德国99年，允许德国在当地驻扎部队、修建工事和海军基地，开采这个地区 的矿产资源[①]。胶州湾被强占后，德国又逐渐获得了在整个山东境内修建铁路和开矿的特权。按照当年某些报纸的说法，德国强占胶州湾的真实目的其实是想通过这个港口控制整个中国北方海域的水上煤炭运输通道。

公元1898年，清廷接受窦纳乐爵士[②]的建议，准备通过吸收外国贷款的方式，支付拖欠日本的战争赔款。作为提供贷款的交换条件，英国要求将旅顺开放为通商口岸。这无疑损害了俄国的利益，俄国人为此处处作梗，搅黄了这件事。作为报复措施，英国要求清廷不得将长江下游地区自己势力范围内的任何利益作为担保，向其他西方国家寻求贷款。清廷接受了这个要求，还向英国商船开放了内河航道。

从1898年开始，如沙利斯伯利勋爵[③]所说的“一场列强间的利益争夺战”在北京拉开序幕。这场争夺战的焦点是修建铁路和开采矿山，直到今天也没完全结束。俄国人在谋求在华利益方面向来非常积极。公元1898年，他们要求清廷正式租借旅顺和大连两个港口。英国不反对向俄国租借大连，却对旅顺的未来异常担忧。1898年3月

---

① 1897年11月1日夜，德国神甫能方济和韩·理迦略在山东巨野磨盘张庄被杀。11月13日，德国以此为名派军舰多艘，强行占领胶州湾，迫使清廷签订丧权辱国的中德《胶澳租界条约》，还勒索了大笔赔偿，史称“巨野教案”。

② sir Claude Macdonald，1872年加入英国陆军，1888年入英国外交部工作，1896年任英国驻华公使。

③ lord Salisbury，时任英国首相兼内政大臣。

22 日，沙利斯伯利勋爵给英国驻圣彼得堡公使写信说：

> 女王陛下政府并不介意俄国人在即将完工的西伯利亚铁路沿线获得某个永不封冻的商业港口，但军用港口是另一回事，特别是这个港口距离北京非常近。旅顺这个地方没有任何商业价值，却具有重要的战略意义，只适合作为军用港口使用。俄国人一旦占据这里将能够直接威胁北京，进而在瓜分中国利益的竞争中获得优势。

沙利斯伯利勋爵的反复呼吁没能取得任何实际效果，俄国还是在 1898 年 3 月 27 日获得了旅顺港的租借权。作为反制措施，沙利斯伯利勋爵转而建议英国政府夺取威海卫的控制权。英国和俄国的行动让法国人觉得自己也不应该在这场利益竞争中落在后面。据阿诺托[①]先生发表的文章披露，法国的设想是这样的：① 通过租借的方式在中国南方海岸线获得一个港口；② 从东京湾[②]地区修建一条横跨红河，延伸至中国云南境内的铁路；③ 迫使清廷同意不向其他列强出卖临近东京湾地区本国边境省份的利益；④ 迫使清廷同意不向其他列强出卖海南岛的利益；⑤ 获取在中国建设邮政系统的特权。法国人获得了这么多利益，按说应该心满意足，然而 1 名法国籍传教士和 2 名中国籍教徒的死很快又让他们找到了继续伸手的借口：① 迫使清廷同意法国修建连接北海和南宁的铁路；② 在传教士和教民被杀的地点修建一座教堂；③ 严惩相关地方官。他们的要求再次得到了满足。

1898 年 6 月，以康有为为首的一群年轻改革者站了出来，鉴于国

---

① Mr Hanotaux，1853—1944，法国历史学家及外交家，1894—1898 年间曾两次出任法国外交部长。

② 今北部湾，具体指当时已经成了法国殖民地的越南。

家的糟糕状况和大清官场的腐败，他们认为除了发动变法，重组政府和教育机构，自己的国家已经无路可走。他们的主张很快在紫禁城以内获得了认可，年轻的皇帝连发 7 道圣旨，发动了变法[①]。这次变法的内容大致可以归纳为这么几点：① 言论自由；② 引进西方的教育和考试制度；③ 在北京城里兴办一所新的大学[②]；④ 适当减少寺庙数量，将它们改建为新式学校；⑤ 设立翻译机构和专利机构；⑥ 向国外派遣留学生；⑦ 裁撤官僚机构中的冗员。

参与变法的改革者饱含热情，他们的好运气一直维持到这年 9 月底[③]。短短 3 个月时间里，变法取得了明显效果。例如，某些拒绝执行皇帝变法命令的高级官员被撤职，执掌总理衙门的李鸿章也因为接受俄国人的贿赂[④]，贪污和滥用公款，遭到解职。为了预防官员利用职权犯罪，清廷还要求所有官员每隔 3 年进京述职，接受质询。变法期间，来自西方的技术被应用于中国的丝绸和茶叶生产领域。老百姓获得了一定的言论自由，朝廷甚至还打算向全国公开财政预算和开销。地方官府实现了改组，议会的成立也在筹备之中，退居幕后的太后的权力遭到进一步限制。

1898 年的变法可谓雷厉风行，然而换个角度来说，过于激进的行动往往很难维持长久。1898 年 9 月 17 日，窦纳乐爵士给沙利斯伯利勋爵写信说：

> 皇帝一直想努力把这个国家拉到变革的路上去，然而他的措施大多不具备实际的可操作性。皇帝本人对此其实心知肚明。

---

① 即戊戌变法。

② 即京师大学堂，也就是后来的北京大学。

③ 指慈禧太后发动戊戌政变，废止变法。

④ 1896 年 5 月 18 日，李鸿章以特使身份出使俄罗斯参加沙皇加冕典礼，接受了沙皇的 300 万卢布，出卖中国利益。

9 月 21 日，变法的末日到了，慈禧太后重新把大权收回手中，光绪皇帝发布了这样的诏书：

> 慈禧端佑康颐昭豫庄诚寿恭钦献崇熙皇太后两次垂帘听政，办理朝政，宏济时艰，无不尽美尽善。因念宗社为重，再三敦恳慈恩训政。仰蒙俯如所请，此乃天下臣民之福。①

9 月 26 日，一道光绪帝署名但很可能并非出自他本意的诏书终止了所有变法措施。9 月 28 日，6 名参与变法的改革者被处决，康有为侥幸从北京逃到了香港。清廷为这些人罗织了包括“谋杀太后”在内的各种罪名。太后则趁机再次越过皇帝，成了朝廷的实际控制者。事实上，过去的 30 年当中，她对朝政的把持从来就没放松过。

有意思的是，康有为后来在报上发表了一篇文章，公布了他跟光绪帝交往、合作的种种内幕②：

> 我总是热衷学习西方知识。1885 年，法军攻占福州后，中国面临的危机已然显露无遗。1889 年，我更加清醒地意识到国家的悲惨局面。我认为，当时最主要的危险来自沙皇俄国势力的南下，以及日本在朝鲜半岛的野心，中国唯一的出路就是通过变法实现国家富强。
>
> 这个时候，军机处中占据高位的都是保守派，他们决不会允许我把自己的意见传达给皇帝。台湾被日本割占后，皇帝的老师

① 诏书原文参考本书直接引自《清实录》第 57 册 p597—598，句读是译者加的。

② 这篇文章并未收入《康有为全集》，原中文名、内容和出处均不可考，此处据本书英文回译。

翁同龢对这些人失望之极，转而对我亲热起来。我趁机建议他加入变法阵营，同时还联合1300名各省举人联名上书①，呼吁变法。这之后，倡导变法的组织②在北京成立，拥护变法的报刊《强学报》③ 在上海出版。与此同时（1895年），翁同龢开始强烈建议皇帝发动变法，然而由于慈禧太后的破坏，所有的变法活动和组织都遭到了严厉的压制。我只得返回广州组建变法社团，也在广西建立了性质相似的秘密组织。我的学生梁启超和谭嗣同在湖南组织了强学社，林旭在福建，杨锐在四川，杨深秀在山西，宋伯鲁④在陕西也成立了性质相同的组织，我的弟弟康广仁和他的朋友金岳绅⑤在上海创办了女子学校和不缠足会⑥。同样是在这个时期，各种倡导变法的报刊纷纷创办。

胶州湾被德国强占后，我回到北京，再次向皇帝上书，要求仿效俄国的彼得大帝和日本的明治天皇，实施变法。为此，我还向皇帝进呈了相关的书籍。这个时期，我最核心的主张是彻底开放海禁，与西方国家自由贸易。翁同龢赞同我的主张，为此在朝廷中四处奔走，可是由于保守大臣的坚决反对，他的奔走没有什么实际结果。

当时，澳门出版的某些支持变法的报刊甚至建议大清帝国与英国结成同盟抗衡其他列强，朝廷对此游移不定。后来，当我听说英国主动要求将旅顺和大连设为自由港口，不能租借给俄国

---

① 即公车上书。

② 应指强学会。

③ 原文为 chinese progress，找不到对应的中文报刊名称，推测可能是指康有为在上海组织发行的《强学报》。

④ 陕西醴泉人。光绪十二年进士，累官至督察员山东道监察御史，戊戌变法失败后被撤职。

⑤ king yuen shen 音，具体身份不详。

⑥ 1897年梁启超、谭嗣同、康广仁等发起成立，总会设上海，湖南、广东、福建等省设分会，戊戌变法失败后停止活动。

时，便赶忙找到翁同龢，对他说："国家有救了，你应该赶快敦促皇帝，这是天赐良机。"很遗憾，慈禧太后和李鸿章已经打定主意要把这两个港口租借给俄国。这之后，英国曾提议清廷向自己以3%的利率贷款，用以支付战争赔款，俄国则从中作梗，要求清廷以4%的利率从自己那里贷款。清廷夹在中间，谁都不敢得罪，起先决定同时向两国贷款，后来又改变主意，干脆谁的款也不贷。我对此事的观点是应该甩开俄国，向英国贷款，俄国虽然一贯气势汹汹，却很少有胆量真正向大清帝国宣战。由于慈禧太后惧怕俄国人，所以事情的最终结果还是哪个国家的款也没贷。

俄国谋夺旅顺和大连的过程中，我又一次向皇帝上书，建议他严词拒绝俄国人的无理要求。皇帝为此斥责恭亲王和李鸿章说："为什么要跟俄国缔结秘密条约！俄国人向来不帮助我们，还经常趁火打劫。"

恭亲王和李鸿章回答说："俄国租借旅顺和大连的事已经定了，无法反悔。"

皇帝为此大发雷霆。这两个地方被俄国强行占据后，翁同龢发现我曾经做出的预言差不多都变成了现实，对我更加言听计从。监察御史高旬曾①，湖南巡抚陈宝箴②，翰林院的苏济庆③，礼部尚书李瑞棻④也陆续加入到支持变法的阵营。当皇帝就变法事宜咨询各位大臣时，以翁同龢为首的变法派纷纷进言，他们说话的分量当然比我重得多。我则配合这些大臣向皇帝进呈了英

① kao hsueh tseng 音，具体身份不详。
② 江西义宁客家人，1851年投入曾国藩麾下以举人身份进入官场，累官至湖南巡抚，戊戌变法失败后被撤职，不久去世。
③ su chin ching 音，具体身份不详。
④ 李瑞棻，1833—1907，字苾园，贵州贵筑（今贵阳市）人。著名维新派大臣。同治二年中进士，入翰林院，累官至礼部尚书。

国、法国、德国的相关质量，以及李提摩太[1]撰写的《19 世纪史(history of the nineteenth century)》《时事杂感（essays for the times)》，以及其他西方书籍的中文翻译本。皇帝由此对世界和国家的形势有了个大概的认识，坚定了变法的决心。我则以变法顾问的身份，第一次得到了皇帝接见。

康有为

康有为对未来充满希望，然而清廷的形势正如他自己也已经意识到的那样，皇帝孱弱，真正掌握实权的是慈禧太后。此时的慈禧太后名义上已经“退休”，不过就像康有为所说的那样：

实际上所有实权仍然控制在太后手里，呈交给皇帝的任何奏

① Timothy Richard，英国传教士和汉学家，跟晚清维新派有非常深的交往和联系。

折都逃不过她的眼睛，朝廷里各个要害部门的正副手都是她的心腹。皇帝没什么发言权，做决定前必须首先请示太后，他实际就是个傀儡。

无论如何，皇帝还是非常希望有所作为。自从台湾被割让出去以后，他就对国家的前途异常忧虑。为此，皇帝可以信任的老师，博学的翁同龢，给他找了不少有关西方世界的书籍和地图。皇帝每天研读这些材料，发现国家衰败的最主要原因就在于保守封闭，因此决心发动变法。可太后并不希望变法。

甲午战争开始时，皇帝和众多大臣希望血战到底，太后和李鸿章则盼望着求和。战斗刚刚打响，太后其实就已经做好了割让台湾甚至满洲的心理准备。皇帝无法理解这样的做法，悲愤异常，进而希望跟英国发展同盟关系，推动变法。太后为此作出的让步是主张大清帝国跟俄国结盟，但不发动变法。从这时开始，太后与皇帝间的隔阂越来越大。1895 年，当皇帝明确表示自己支持变法时，太后已经跟他势同水火。皇帝的两个宠妃①因此遭到毒打，包括长麟②和汪鸣銮③两位侍郎，宠妃的兄弟志锐④，还有她们的老师文廷式⑤在内，皇帝的多位亲信都受到波及，丢官罢职。之所以发生这些悲剧，最关键的原因就是皇帝打算要把权力从太后手里收回来。

太监寇连材⑥因为劝说太后归政皇帝被处死，皇帝本人为此

---

① 指珍妃和瑾妃，实际只有珍妃遭到了廷杖的处罚。

② 时任户部右侍郎。

③ 时任吏部右侍郎。

④ 他他拉·志锐，满洲正红旗人，累官至伊犁将军，珍妃和瑾妃的堂兄。

⑤ 江西萍乡人，1890 年科举考试的榜眼，近代著名爱国文学家、学者，维新变法的坚定支持者。

⑥ 北京昌平人，幼年家贫净身进宫，1896 年，这位太监出于对国家前途的忧虑，哭谏慈禧太后，要求把实权还给皇帝，随后在菜市口被斩首，留下了“烈宦”的美名。

也遭受了严厉的惩罚。长麟是恭亲王的近人，向来口无遮拦。有一次，他对皇帝说："太后跟同治帝是亲母子关系，对陛下来说却无非只是前任皇帝留下的妃子而已[①]。"太后得知此事震怒异常，恭亲王也吓得够呛。最后还是光绪帝下旨降了长麟的职，恭亲王为此也进宫下跪痛哭道歉。

有人看到后询问恭亲王这么做，皇帝只是悄悄摆摆手，示意他不要多话。再后来，皇帝干脆和恭亲王一起跪在地上抱头痛哭，哭得都没力气站起来，太监们只好把皇帝搀回了宫。文廷式曾建议皇帝真正把国家大事管起来，皇帝还是摆摆手，示意他不要多话。皇帝心里其实很清楚，自从亲政以后，太后就把他当成了眼中钉。

变法还是彻底失败了。由于变法跟西方存在着千丝万缕的联系，慈禧太后重新掌权后，具有明显排外立场的人在清廷逐渐占了上风。1898 年 10 月 1 日，窦纳乐爵士给沙利斯伯利勋爵拍了封电报：

昨天下午几名西方人在离开火车站[②]，回到北京城内的路上遭到攻击。目前，中国老百姓中的排外情绪已经相当强烈，做出了很多不理智的行为。我已经给西摩尔上将[③]发电报，要求他派遣 1 艘军舰来大沽驻防，同时安排陆战队从天津登陆，前往北京加强公使馆保卫。除此之外，我也正在尝试与总理衙门进行交涉。

---

① 他的原话是这样的："太后系穆宗皇帝之母，实际上不过是文宗皇帝之妾。皇上现今作为文宗之嗣入承大统，没有以父妾为母之礼，皇上真正的嫡母是慈安皇太后。现今皇太后就穆宗朝而言，可称太后，就皇上而言，不过先帝一遗妾耳。"

② 应指永定门火车站，也就是今天的北京南站，当时西方人的习惯是在永定门火车站下车，然后沿北京中轴线向北经前门大街前往东交民巷使馆区。

③ 爱德华·霍巴特·西摩尔 Edward Hobart Seymour，曾参与第二次鸦片战争，后指挥八国联军侵华战争。这个人跟本书前面提到的米切尔·西摩尔不是同一个人。

这份电报发出后不久，各国公使鉴于形势紧迫，一致同意增加使馆区的守卫力量。各国滞留天津的军舰纷纷组织陆战队，向北京进发。与此同时，清廷也开始向北京城内调兵，火药味儿越来越浓。从这年的 10 月到 11 月，形势一天坏似一天，不过和平的局面尚还可以维持。这年 12 月，公使馆首次接到了慈禧太后发出的进宫做客邀请。窦纳乐爵士这样描述这次做客的情形和感受：

觐见仪式举行的非常成功，太后凭借自己的优雅和友善给大家留下了良好的印象。那些对慈禧怀有恶感，认为自己此次在紫禁城将看到一位性格冷漠、反复无常的难缠老太太的人因此感觉脑子转不过弯儿来。慈禧展现给他们的是一种亲切得体的贵族妇女形象，她非常善于展现女性的魅力。

几乎是在公使们进宫做客的同时，驻留上海的法国人私自破坏、占用了当地中国百姓的墓地，引发大规模抗议活动。与此同时，四川也爆发了多起针对传教士的排外活动。整个大清帝国可谓山雨欲来风满楼。

针对西方人的敌意和反感日渐增强，各国却还没有及时停止在这个国家瓜分利益的竞争。1899 年 4 月，英国和俄国达成私下协议，英国承认了俄国在满洲地区以铁路为核心的种种利益，俄国则默许英国将长江下游地区视为自己的势力范围：

俄国和英国不希望因在华利益问题发生冲突和争议，同时也考虑到大清帝国目前的实际情况，达成如下协议：

① 俄国将不在英国的在华利益范围内修建铁路或插手铁路事务；

② 英国决不在长城沿线以北修建铁路，也不得在这个区域插手与俄国利益相关的铁路事务。

这个协议本质就是为了避免英国和俄国在远东地区因在华利益问题爆发直接冲突。双方还特别规定，协议达成前英国已经动手协助清廷修建的牛庄[①]至山海关的铁路不在协议规定的范围以内，不过英国在铁路完成后必须将路权完全移交给清廷，铁路平时的运行也必须由清廷派人管理。相应的，俄国也可以同样的方式将他们在满洲的铁路线向南、向西适度延伸。就在这个节骨眼儿上，美国政府照会英国、俄国、法国、德国、意大利、日本等国政府，提出了针对中国的“门户开放、利益均沾”政策，各国纷纷表示赞成，只有俄国在赞成的前提下对这项政策表达了谨慎的乐观态度。他们给美国人的答复是这样的：

就俄国已经从大清帝国租借到的土地来说，沙皇政府已经明白无误地表示支持“门户开放、利益均沾”政策，有意将大连建设成为自由的商业港口。鉴于大连有可能成为自由商业港口这个前提，不在这个地区设立专门的海关似乎是不恰当的。当然，海关成立后，具体的关税政策将由各国平等协商决定，是否将大连开放为自由港口的最终决定权在大清朝廷手中，俄国作为租借这个港口的国家当然也有权参与意见。至于是否在当地设立专门的海关，这个问题也要由大清朝廷决定。沙皇政府无意在这个地区为了谋求私利，排斥其他国家的商业活动。

1900 年 1 月 24 日，光绪帝突然发布了一道诏书：

① 如前所述，实际指营口。

朱谕：

朕以冲龄入继大统，仰承皇太后垂帘听政，殷勤教诲，巨细无遗。迨亲政后复际时艰，亟宜振奋国治，敬报慈恩。即以仰副穆宗毅皇帝付托之重，乃自上年以来气体违和，庶政殷繁，时虞业月坐惟念。宗社至重，是以敦恳皇太后训政一年有余。朕躬总未康复，郊坛宗社诸大祀弗克亲行。值兹时事艰难，仰见深宫宵旰，忧劳不遑暇逸，抚躬循省，寝食难安。敬念祖宗缔造之艰，深恐弗克负荷。且追维入之初恭奉皇太后懿旨，俟朕生有皇子即

天津的义和团

承继穆宗毅皇帝为嗣，此天下臣民所共知者也。乃朕痼疾在躬，艰于诞育，以致穆宗毅皇帝嗣续无人。统系所关，至为重大，忧思及此，无地自容。诸病何能望愈用是？叩恳圣慈于近支宗室中，慎鉴元良为穆宗毅皇帝立嗣，以为将来大统之归。再四恳求，始蒙俯允。多罗郡王载漪之子溥儁承继为穆宗毅皇帝之子。

钦求懿旨，感幸莫名，谨当仰遵。慈训封载漪之子溥儁为皇子，以绵统绪。将此通谕知之。[①]

几乎是在这道诏书发布的同时，整个华北地区的排外活动愈演愈烈，社会陷入了失控的状态。以下内容摘录自法布尔（Faber）的《中国编年史（chronological history of China)》：

4 月 25 日，义和团攻打了保定以南的天主教堂，北京的很多上流社会人士也加入了义和团。

5 月 12 日，两位隶属于英国教会[②]的本土教民在北京附近受到攻击。

5 月 26 日，北京至保定铁路间的车站被烧毁。

5 月 28 日，义和团拆毁了天津至北京铁路间的一段，奉命养护、维修铁路的比利时工程师和他的家人于 6 月 2 日从保定逃到北京避难。

5 月 31 日，各国组织陆战队开赴北京加强公使馆保卫。

6 月 1 日，隶属于福音传播会[③]的传教士罗宾逊（Robinson）和诺曼（Norman）外出传教时被打死。

6 月 4 日，窦纳乐爵士发出电报称北京对外联络的电报和铁路线已被切断，他们被困在了城内。鉴于形势异常紧张，他请求政府敦促西摩尔上将尽快从塘沽向北京派出陆战队。

6 月 5 日，天津至北京的铁路联系彻底中断。

6 月 6 日，窦纳乐爵士来电称，由于慈禧太后的暧昧态度，

① 诏书原文参考本书直接引自《清实录》第 57 册 p1025—1027，原文为繁体，现改为简体，句读是译者加的。

② 基督教新教。

③ the society for the propagation of the gospel，美国基督教新教社团。

针对西方人的攻击活动已经越来越严重，这种情况如果继续下去，局势很可能失去控制。

6月8日，保定燃起大火，通州当地的教堂被烧毁，北京城内的传教士已集中到使馆区和某些教堂内寻求庇护。窦纳乐爵士发来电报称，局势已经失控，使馆中挤满了避难的英国人，北京城内的英国教会财产已被彻底放弃。希望西摩尔上将尽快采取行动。

6月10日，西摩尔上将给英国海军部发去电报转达了窦纳乐爵士的意思，向他们报告说，鉴于形势濒临失控，他已经组织陆战队登陆，就在这封电报发出的同时，西摩尔上将率领2000人组成的联军队伍向北京进发。

6月11日，日本公使馆的工作人员在街上被义和团打死①。

6月13日，北京城东边燃起大火，很多教民被打死，慈禧太后对此未作任何表态。

6月16日，联军向大沽炮台发出最后通牒。

6月17日，大沽炮台被攻占，天津城内不断发生爆炸。

6月19日，清廷要求所有在北京的西方人于次日下午4点前离开北京。

6月20日，德国公使克林德②在前往总理衙门交涉途中被杀。当天下午4点后，义和团和清军对使馆区发起了攻击。

6月23日，联军从大沽进抵天津，当地的爆炸声就此停止。

6月26日，西摩尔率军前往北京途中受阻，退回天津③。

6月30日，多名传教士在保定被杀。

---

① 6月11日，时任日本驻北京公使馆书记官杉山彬在前往火车站的途中被打死，他是庚子国变中第1个被杀的西方外交人员。

② Klemens Freiherr von Ketteler，德国男爵、驻华公使，1900年义和团运动期间在北京街头为清军枪杀。

③ 指他们在廊坊遭到义和团和清军的顽强阻击。

7月1日，又有多名传教士被杀。

7月9日，45名传教士在太原被杀，其中有12名为天主教传教士，其余为新教传教士。日军在这天攻占了位于天津的兵工厂①。

7月14日，联军彻底占领天津城。

7月22日，李鸿章从广州乘船抵达上海。

8月5日，联军再次从天津向北京进军，清军在北塘和杨村的阻击失败。

8月14日，联军来到北京城下。

在此之前，隶属各国公使馆的卫队已经联合起来守卫使馆区。他们至少分别来自8个国家，包括18名军官和389名士兵。75名男性志愿者拿起步枪临时加入了这支队伍，另有50名其他男性带着随手找到的从步枪到餐刀之类的武器，充当协防力量。时任英国公使窦纳乐爵士早年有过从军经历，指挥过部队，被公推为最高指挥官。与此同时，作为公使的他本身还要负责使馆内男女老幼的吃喝拉撒。英国公使馆是当时整个使馆区的防卫核心。除了英国人，这个地方还聚集了法国人、比利时人、俄国人、美国人、西班牙人、日本人和意大利人，窦纳乐夫人具体负责关照他们的生活。从6月20日至8月14日，双方你攻我守，在使馆区展开了拉锯战，距离此地不远的大清贡院②也受到波及，燃起了大火。战斗开始后，地处英国使馆对面的的肃亲王③的府邸被卫队占领，作为前沿阵地。为了装沙包垒工事，各国使馆昂贵的丝绸和缎子都被贡献了出来。

当时北京正处盛夏时节，大家躲在使馆里面又热又闷。食物短

① 指崇厚创立的北洋机器局。

② 具体位置在今北京崇文门内，距离东交民巷不远，是当年各省举人进京会试的地方。

③ prince Su，爱新觉罗·善耆，1866年3月15日—1922年3月14日，满洲镶白旗人，晚清贵族重臣，清朝12家铁帽子王之一，女汉奸金碧辉/川岛芳子生父。

入侵中国的八国联军士兵在北京合影

缺，卫队最后只好把马匹和其他宠物杀了给大家吃。所幸，使馆区内总共有 5 口水井，不过这 5 口井中只有 2 口是甜水井。使馆区仅存的葡萄酒和罐头食品，乃至公使酒窖里价格不菲的香槟全部被集中起来，留给伤病员。遍地的的尸体滋生了大量蚊蝇，有限的蚊帐也只能集中给伤病员使用。所有妇女组织起来，给大家洗衣服、做饭。大家就这么坚持着，直到增援部队赶到，莫理循博士[①]描述了当时的情形：

午饭来了，又是难吃的马肉！突然有人喊："英国的军队来啦！"人们涌向使馆区的出入口，来到运河街[②]正对城门水关的位置。英国军官正率领着第 1 锡克步兵团[③]和第 7 拉齐普特步兵团[④]

① George Ernest Morrison，爱丁堡大学医科毕业，曾任《泰晤士报》驻华首席记者，中华民国总统政治顾问，也是著名的旅行家，拍摄了不少晚清民国时期中国的老照片。

② 原文为 the canal street，对照上下文内容，应指前门大街。明代北京大运河漕运码头就在前门以南地区，今天的北京正义路当时就是河道。

③ 由来自印度殖民地的锡克族士兵组成。

④ rajput，印度北部少数民族，自称古代印度社会第 2 等级刹帝利的后裔，跟日本武士阶层类似，男人成年后大多成为职业军人。

沿着运河街向英国使馆走来。

这次事件结束后，兰斯多恩勋爵①专门在1901年2月10日给窦纳乐爵士写了封信：

> 通过报告，我了解到了您在危机期间的表现。这里，我谨代表女王政府向您表达最诚挚的敬意。使馆内的所有人员在危机期间各自承担了自己的职责，令人敬佩。这其中特别要感谢您，从6月22日至8月14日，正是您率领大家渡过了难关。通过各种渠道，很多在这期间受惠于您的人至今仍然心怀感激。
>
> 这里，我还要代表女王政府为窦纳乐夫人主动照顾老幼妇孺和伤病员的行为表示感谢。她和众多妇女的仁慈行为为她们在各国人士当中赢得了良好的口碑。那些受惠于窦纳乐夫人的亲历者以及曾经为他们牵肠挂肚数个星期的亲友们，至今仍然为此念念不忘。

8月15日，使馆区的战斗彻底结束。就在这天早上，慈禧太后和光绪帝带着众多王公大臣、后宫嫔妃逃出了北京城。肃亲王护送他们走了一段儿，然后又掉头返回了城内。后来，他这样描述当时的情形：

> 那天，太后、皇帝等人离开北京，向西逃到北京以西20英里的灌石村②暂时落脚。护送他们的是由众多军官率领的3000名士兵，这帮人一路不断烧杀淫掠。太后、皇帝等人在灌石村把轿子换成了骡车，然后以每天20英里的速度向距离北京120英里

① lord Lansdowne，指第5代兰斯多恩侯爵 Henry Petty-Fitzmaurice，这个人是当时英国著名政治家，曾在政府多个部门担任高级职务。

② kuan shi，这个地方今天名为“西贯市村”，行政区划属北京昌平区阳坊镇，是著名的回民聚居区。

的宣化府挺进，每隔 3 天停下休息一天。恐怖的气氛笼罩着这支队伍，太后和皇帝的权威降到了最低点，士兵甚至偷吃为他们准备的饭食。为了杀一儆百，几名参与杀人、抢劫的士兵被下令处决，人心才稍稍安定下来。

某些随行大臣建议太后抵达宣化后就留在那里，这个地方离北京毕竟比较近，消息灵通，然而队伍中的多数人已经吓破了胆，害怕洋人的军队随时可能追过来，坚决要求向更远的地方走。队伍只得继续向太原府进发。离开宣化时，隶属于董福祥将军①的 10000 名士兵也加入了护驾的队伍，这些人唯一的贡献就是让军纪变得更加涣散。一路上，太后不停地掉眼泪，咒骂那些让国家陷入绝境的大臣。皇帝早就意识到自己已经失去了权力，再不会有人把他的话当回事了，更是一言不发。

从宣化到太原走了 26 天，大家时刻担心着洋人从后面追上来。抵达太原后，太后和皇帝曾尝试在当地把临时的办事机构组织起来，恢复对朝廷的控制，但没能成功。这支队伍虽然不断以太后和皇帝的名义向外发布命令，可再也没人认真执行它们，情况变得乱糟糟的。

慈禧等人最终抵达了西安府，陕西省的省会，这才真正安顿下来。8 月 16 日，义和团攻打北堂②的行动彻底结束。下面的内容来自奥利佛（Olivieri）中尉的日记，他隶属意大利海军陆战队，曾率领 10 名意大利陆战队员和 30 名法国陆战队员守卫这座教堂：

---

① 董福祥，1840 年 1 月 8 日—1908 年 2 月 9 日，甘肃环县人，清末著名将领，官至太子少保、甘肃提督、随扈大臣，赐号阿尔杭阿巴图鲁。

② the peitang cathedral，即今天的北京西直门天主教堂，当时北京有 4 座规模比较大的天主教堂，西直门教堂位置偏北，俗称“北堂”。

8月9日，我们的食物即将告罄，躲在教堂里的教民只得宰杀毛驴充饥，为此还发生了争抢，树叶子也早就被吃光了，大家处在崩溃的边缘。两名7岁左右的儿童死于饥饿。几位怀抱婴儿的母亲因为没有奶水，孩子也陆续饿死了。情况极度绝望。

8月12日，我查哨后返回住处，突然听到了爆炸的巨响，地面也跟着震动起来。我试图往屋外跑，可房子塌了，把我埋在了里面。后来的调查发现，这次爆炸是由于某中尉指挥部下在教堂外面排雷时操作不慎导致的。我手下的中士班长连同4名士兵都被埋在了废墟里，只有5名士兵幸免，他们很快跟法国陆战队员联手展开了救援行动。

八国联军进入紫禁城

大概45分钟以后，救援人员从废墟里先刨出了我的一只手，发现还是热的，就继续向下挖，把我救了出来。我当时只是头部和右脚受了伤，都不严重。这次爆炸中，除了5名意大利军人，还有100名教民也被埋在了废墟里。我们对此几乎束手无策。负责指挥法国陆战队的军官和他手下的中士班长都已经死了，我自己无法行动，我的中士还埋在废墟里，士兵们实际处于群龙无首的状态。更糟糕的是，围墙被炸了个大洞，如果外边的义和团趁势冲进来，一切就结束了。上帝保佑，这样的情况没有发生。炮手罗斯李（Roseli ）终于被从废墟里刨了出来，他断了一条胳膊，第2天还是伤重不治死去了。炮手被刨出来后大概11个小时，我们救出了奄奄一息的哥伦布（Colombo），还找到了2具尸体。

8月13日，又找到9具尸体。没有人再受伤，可躲在教堂里的人已经差不多要被绝望逼疯了，吓得草木皆兵，听见点儿响动就乱跑、乱喊。军人们竭尽全力安抚大家的情绪。此时的陆战队员手里总共只剩下50发子弹，食物已经被吃光。当天午夜时分，北京城的东面响起了剧烈的枪声和炮声，我们的增援部队来了。大家不顾横飞的流弹，纷纷跑到外面打探消息。14日和15日，战斗还在继续，我们的情况没有任何好转。

8月16日，教堂的东面一直有两门炮在响，士兵进来报告说日本的军队已经打到了这条街上。没过多久，围攻教堂的义和团就撤走了。

8月28日，联军在紫禁城内举行了阅兵式。

9月14日，李鸿章离开上海前往北京。

9 月 21 日，瓦德西元帅[1]抵达上海，次日继续北上前往北京。作为各国驻华军队中级别最高的军官，他理所当然地被任命为联军司令。

12 月 22 日，各方宣布彻底停火。

八国联军占领北京后，李鸿章奉清廷之命与各国谈判

次年，也就是 1901 年 9 月 7 日，清廷与列强签订了和平条约[2]。条约内容大致包括：

1. 任命二代醇亲王[3]为特使前往德国为克林德公使的死道歉，北

---

① count Waldersee，阿尔弗雷德·冯·瓦尔德泽伯爵，Alfred Graf Von Waldersee，中国史料习惯通译为“瓦德西”，德国历史上第 2 任总参谋长，晚年担任八国联军最高指挥官。

② 即辛丑条约。

③ 原文为 prince Chun，此时老醇亲王奕譞已经去世，继承醇亲王爵位的是他的儿子载沣，也就是末代皇帝溥仪的生父，为区分起见，这里翻译为“二代醇亲王”。

京城内要为这位公使立碑，碑文用拉丁文、德文和中文撰写。

2. 惩处相关官员，排外活动特别突出的省份 5 年内停止科举考试。

3. 遭到破坏的西方人墓地要重新立碑祭奠。

4. 向日本派遣使团为外交人员被杀一事道歉。

5. 两年内不得从西方国家进口武器，这个期限还可视情况继续延长。

6. 赔款 4.5 亿两白银，39 年内结清，全部款项结清前，每年按 4%的比例计算利息。

7. 加强公使馆地区保卫。

8. 拆毁大沽炮台。

9. 天津至北京沿线要点由联军驻防。

10. 皇帝下旨严禁国内排外活动，任何触犯此项条款的个人将受到严惩，地区将被停止科举考试。

11. 整修白河①和黄埔②地区河道。

12. 总理衙门升级为外务部，地位居六部之上。

11 月 7 日，李鸿章去世。和平谈判耗尽了他最后一点儿心血，庆亲王③这年 10 月底的临时退出，更让他的身体雪上加霜。年老的总督身体异常衰弱，然而这却不妨碍他投身终生热衷的政治活动，谈判过程中甚至还出现了越活越年轻的现象。要不是因为贪嘴吃了一大块最喜欢的中式点心，引发了严重的消化不良，他可能也就不会那么猝然

① 指天津至北京的航道。

② Whampoo，广州黄埔，这个地方是西方人来华贸易的传统港口。

③ prince Ching，爱新觉罗・奕劻，1838 年 3 月 24 日—1917 年 1 月 29 日，晚清重臣，清朝首任内阁总理大臣，满洲镶蓝旗人，乾隆皇帝曾孙。他当时奉命跟李鸿章共同参加谈判，后中途退出。

离世。不管怎么说，李鸿章都是 1860 年以来，这个国家最有影响力的政治家。

11 月 30 日，皇位的继承人溥儁①遭到废黜。

1902 年 1 月 7 日，慈禧太后和光绪皇帝从正定②坐火车返回北京，这是他们第一次接触这种新生事物③。下了火车的太后和皇帝返回皇宫以前分别前往庙宇祭祀了他们崇敬的关帝和观音。很多西方人人站在北京的城墙上，见证了这个历史时刻。

明信片上的慈禧专列火车头

第三章　中国人的崇拜和信仰

很久很久以前，中国就出现了对非人格化的神的崇拜。这种崇拜

① 爱新觉罗·溥儁，端郡王爱新觉罗·载漪次子，他的母亲是慈禧弟弟叶赫那拉·桂祥的女儿。

② 这个地名字面上写为“正定”，但民间约定俗成的读音为“真定”。

③ 原文如此。实际早在 1886 年，光绪十二年，清廷已经在皇城范围内修建了皇家铁路，起点在中海的瀛秀园，终点在北海镜清斋，1888 年竣工，一般称为“西苑铁路”。

的根源基于上天的伟力，它主宰着人类的命运，不断赐予幸福或者灾难。我们西方人把这种崇拜具体化为对上帝的崇拜，中国的孔子则称之为“天”。中国人对上天的信仰延续至今，皇帝被尊称为“天子”。中国的皇帝很早以前就拥有了这个荣誉称号，这个荣誉称号同时也被视为一种责任，就像公元前 1776 年的商汤所说的那样，上天对人间的任何不满，最终都要由天子一人承担，如果有人因此要以生命为代价向上天献祭赎罪，那也只能是天子自己。为了把自己当成祭品向上天献祭，商汤剪下指甲和头发作为祭品，乘坐白马拉的普通车子，来到一片桑树林，请求上天降罪于自己，同时免除人间的苦难。这个故事的出现足足比耶稣降生早了 16 个世纪[①]。耶稣降生后 19 个世纪，1832 年，中国遭遇了罕见的旱灾，道光皇帝模仿商汤向上天谢罪，希望把黎民百姓从苦难中解救出来。1903 年，天下再次大旱，光绪二十九年四月二十五日（阴历）北京的《京报》[②] 刊登了这样的消息：

> 辛亥，以京师雨泽稀少，上亲诣觉生寺祈祷行礼。遣恭亲王溥伟诣大高殿恭行拈香，遣醇亲王载沣诣时应宫，贝勒载瀛诣昭显庙，贝子溥伦诣宣仁庙，贝子毓橚诣凝和庙拈香。[③]

遗憾的是，皇帝的这次谢罪并没有换来天降大雨，北京城内及周

---

① 商汤求雨的故事出自《搜神记》，大概意思是说，商汤推翻夏朝后，天下连续大旱 7 年。商汤剪下头发和指甲，自己充当祭品，在桑林，也就是今天河南偃师附近，向上天祈求降雨。

② 清代北京出版的半官方性质的中文期刊，也称“邸报”。由官方特许经营的报房投递。由于《京报》只是从政府专设机构中誊抄官方拟向公众传递的资讯，只能起到公告板的作用，故不能算作现代意义上真正的报纸。

③ 这则消息参考本书直接引自《清实录》第 58 册 p796，原文为繁体，现改为简体，句读是译者加的。

边的寺庙因此得到命令齐力祷告求雨，上天这才降下甘霖：

> 光绪二十九年，癸卯，五月，庚午，以京师雨泽愆期，上复诣觉生寺设坛祈祷，并诣大高殿设坛祈祷，行礼。遣贝勒载洵诣时应宫，贝勒载涛诣昭显庙，贝子溥伦诣宣仁庙，贝子毓橚诣凝和庙，镇国将军载振诣黑龙潭，庄亲王载功诣白龙潭拈香。
>
> 以铁牌迎请到京，在觉生寺供奉，发大藏香一枝，派醇亲王载沣前往拈香行礼。①

中国人信仰上天的最明显标志就是北京的天坛。这座建筑的历史非常古老，是明朝皇帝下令修建的。天坛距离紫禁城大概 3 英里左右的路程，是北京城内，甚至是整个中国，最漂亮、最有意思的建筑。之所以要把天坛的位置放在北京城的最南端，主要是为了方便皇帝在这里举行宰杀牲畜的祭天仪式。天坛核心建筑周围的围墙是圆形的，从里往外有几道围墙，围墙与围墙之间的区域遍植松柏，树下长满了野花野草。距离天坛最近的那道围墙被粉刷成了跟皇宫一样的红色，红色围墙圈起来的区域正中是二层的汉白玉基座，基座上面就是三重屋顶的天坛。这座建筑是木结构的，铺着蓝色的琉璃瓦，最高处还有个金色的尖顶。天坛的南面，安放着类似基督教圣餐台的祭坛。这个祭坛是三层汉白玉结构的，“三”这个数字在中国文化中具有非常神秘的意味。祭坛被装饰以各种精美的雕刻，四面设有台阶，祭坛中心被中国人视为宇宙的中心！总的来说，这座祭坛看起来非常朴素，却拥有一种肃穆的美。

每年两次，也就是每年临近冬至和夏至的时候，皇帝都要前往天

① 这则消息参考本书直接引自《清实录》第 58 册 p806，原文为繁体，现改为简体，句读是译者加的。

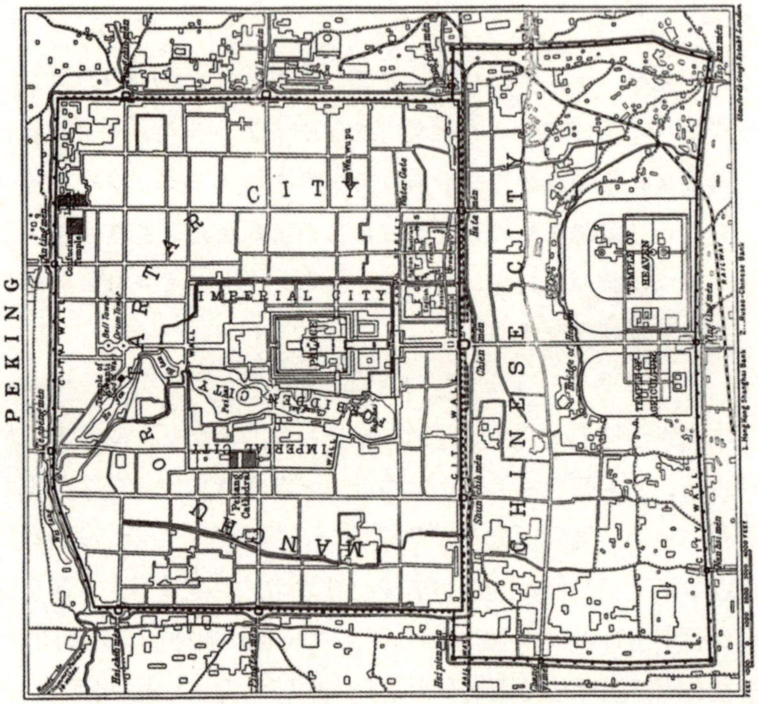

本书英文版收录的清代北京地图

坛祭天。从紫禁城出发的祭天队伍，就成了北京城里特别的风景。皇帝每次去天坛祭天的路线都是固定的，出了北京内城的南大门，也就是前门，然后沿着大街一直向南。这条大街可能是全世界路况最糟糕的道路，路面上到处都是长年累月留下的车辙，这些车辙里还经常填满了泥沙。皇帝前往天坛祭天时，普通老百姓是不得随意观看的。沿街的住户、商铺都要关闭门窗，道路两侧还要拉起蓝色的帷幕，阻挡那些胆大的外国人好奇的目光，按照中国文化，普通人是没资格瞻仰皇帝的“龙颜”的。1903 年春天，我们在距离前门不远的一处商铺里有幸“偷窥”到了皇帝祭天的队伍。这座商铺是 1900 年经历过战火后重新修建起来的[①]，传统中国纸窗户的中间还镶嵌了块玻璃，正好可以方便我们向外窥视。窥视过程中，店铺的主人连连抗议，让我们千万不要出声，还拿手掌在自己脖子上来回比画，意思是说如果被发现，就要杀头。

通过那几个小玻璃窗，我们看到前门正中专供皇帝出入的大门缓缓打开了，大门外面汉白玉的石桥和栏杆已经事先得到清洗。经过漫长的无聊等待，大街上突然传来了连续的呵斥声，看街的兵丁[②]正忙着用手里的皮鞭驱散行人，把他们赶到街道两侧的帷幕后面。赶骡子的人粗暴地抽打着温顺的牲口，躲进离自己最近的小巷。毕竟，冒犯皇帝的罪名是谁都承担不起的。

粗野的呵斥声在街上持续了好一阵子，然后突然就静了下来，这样的安静在北京的街道上非常少见。皇帝道队的先导仪仗进入视线，队伍越变越长，展现在我们眼前的是各色华丽服装组成的彩带。太监们排着整齐的行列，手里端着托盘，盘子里托着装满佳酿的酒瓶，以及各色贡品。随从们穿着暗红色的长袍，手里举着长长的杆子，杆子顶上是装饰着流苏的伞盖。皇帝的侍卫们挎着弓箭坐在马上，身上穿着明黄色的、刺绣了龙纹的马褂。这支队伍过去后没多久，一个人举着黄色的权杖跑了出来，嘴里不停喊着："磕头！磕头！下跪！下跪！"这个人身后，一位官员打扮的人举着象征皇帝的黄色伞盖，他的身后还有两个人端着冒烟的香炉。皇帝乘坐装饰了各种明黄色饰物的肩舆跟在后面，身穿亮蓝色的丝绸龙袍，头上戴着貂皮帽子。为皇帝抬肩舆的轿夫总共有 32 名，16 名在左，16 名在右，身上穿的都是近似粉色的丝绸长袍，老式的帽子上镶嵌了一圈豹皮。皇帝的兄弟二

---

① 八国联军侵华时，前门商业区的很多店铺都遭到了抢劫和焚毁，战争结束后，这个地区得到了重建。

② 清代北京街头有类似今天治安岗亭的设置，里面长期驻扎有负责维持治安的兵丁，这些人官称"看街的"，皮鞭是他们的常用装备。

代醇亲王，也就是1900年奉命前往柏林为克林德的死道歉的那位王爷，骑着高头大马跟在皇帝后面。道队殿后的是由6匹配备了明黄色鞍韂的战马组成的马队。皇帝由这支队伍护送着前往位于神圣的天坛范围内的斋宫，直到第二天早上都要待在那里斋戒、静坐，让自己的内心平静下来，充满对上天的敬畏之情。皇帝的队伍过去后没多久，躲在各处的人们就都冒了出来，重新活跃起来。5分钟时间不到，做买卖的摊子、棚子又都支了起来，一切恢复原状。

从来没有西方人亲眼见证过大清帝国皇帝祭祀上天的情形，不过还是有少数幸运儿看到过已经准备就绪的祭天场所。当时，圆丘最上层正中心那块象征上天的蓝色玉石周围环绕着样式统一的绿色帐篷，帐篷里安放着大清历代皇帝的牌位，他们是受邀来到这里陪伴上天一起享用供品的[①]。圆丘的第二层安放着太阳神、金木水火土5大星，以及28星宿的神位，神位前摆放了成盘的肉类、水果和鲜花。圆丘的最底层才是真正供那些参加祭祀的活人使用的[②]。可以想象，当被称为“天子”的皇帝开始祭天仪式，召唤神灵和祖先前来享用供品时，是个多么壮观的景象！还可以想象，皇帝身穿蓝色的龙袍，跪拜在他心中的万物主宰面前，用庄严的声音代表子民向上天传达他们的敬意，袅袅的香烟直达云霄。此情此景，苍天在上，内心的杂念将被荡涤而空，只留下最古老、朴素的情感。

除了上天，中国人还崇拜相当于宗教的三种哲学，这三种哲学在中国可谓你中有我、我中有你。西方人很难理解，三种原本不搭界的宗教居然可以在同一个国家和谐共存、难分你我，然而中国古老的儒教、道教和佛教的确就这样和平相伴了上千年，互相之间不但没有任

---

① 这种仪式被称为“陪祀”，相当于家里来了客人，请出亲友帮忙招待，陪吃、陪喝。

② 现代人很自然地认为皇帝祭天必定站在圆丘的最高点，北京天坛公园现在举行的祭天表演也是把皇帝演员安放在圆丘的最高点，这其实是错误的。据史料记载，明清皇帝祭天确实是站在圆丘的最底层，上面2层平台都是安放神位用的，祭天仪式开始后不能有人。

北京天坛

何纠纷和偏见，还同时受到皇帝的资助和保护。他不偏不倚地善待这三种宗教，同时祭祀它们各自的庙宇。皇帝如此，他手下的大臣和子民们当然也是如此。事实上，中国人往往同时是这三种宗教的信徒，只不过不同的人身上三种宗教的配比也会有所不同，通常来说，儒教最受读书人青睐，妇女更多倾向佛教，道教则不分阶层和人群，拥有广泛的信众。儒释道三种宗教同时刺激着中国人的想象力，满足着他们不同的心理需求。对祖先的崇拜是孔子学说的基石，也可以被认为是中国最普遍的一种“宗教”。佛教则为人们，特别是女人们，描绘了一个死后的世界。为了在这个死后的世界中获得幸福，就需要在人间心怀慈悲、多做善事。道教则为人们提供各种可以保证长生不老的灵丹妙药，满足人在世间的各种愿望。

儒释道三种宗教在中国经历了逐渐融合的过程，发展到最后，就连神邸也可以互相“借用”[1]，三种宗教的元素可以同时出现在一座寺庙里，难分彼此。例如，北京的寺庙求雨时经常是和尚坐在一边，道士坐在另一边，官员们则在当中向着神像叩拜行礼，从某种意义上来说，这些官员都是孔子的门生和信徒。中国人儒释道三教合一的最直接象征就是所谓的“三教堂”，这种寺庙同时供奉儒教的孔子、道教的太上老君和佛教的释迦牟尼。儒释道三种宗教的关系或许正如马丁博士[2]所说的那样：

> 儒释道三教在中国历史上虽然有过小的冲突，然而经过上千年的不断调和，他们在融合中又坚守着各自的界限，和平共存。佛教掌管天堂，道教负责地狱，儒教则指导着现世。

接下来，我将耗费笔墨，简单介绍下儒释道三教各自的起源和流传。

① 儒教

儒教的核心在于“仁义”这两个字，它的功能在于指导现世的社会关系，它的基础则是中国历史上的众多先贤留下的典籍。从某种意义上来说，儒教可能算不上真正的宗教，虽然它的内部也存在着偶像崇拜等宗教特征。儒教崇拜的最重要偶像是在世者自己的祖先，而不

---

① 例如佛教的观音菩萨在道教中被尊奉为慈行道人，道教的关帝则是佛教重要的护法伽蓝。

② Dr Martin，应指 William Alexander Parsons Martin，中文名“丁韪良”，字冠西，号惠三。美国传教士、汉学家，1850 年来华，1858 年参与起草《天津条约》。1865 年出任北京同文官教习，后升任总教习兼清政府国际法问题顾问。1898 年以二品官的身份就任京师大学堂总教习，相当于主管教学的副校长。戊戌变法后在北京创办崇实中学，也就是今天的北京 21 中。1916 年 12 月 17 日在北京去世，安葬在西直门外的外国人公墓。

是类似其他宗教的抽象神灵。我们虽然不能由此下结论说对祖先的崇拜让在世的人受到了某种束缚，不过逝去的祖先在中国人的生活中的确占有重要的位置，进而在中国人的内心深处建立了最基本的爱和敬畏之情。直到今天，中国人仍然保持着对祖先的异常崇敬，不敬祖宗的人是没办法在这个社会立足的。正是由于这个原因，那些不能生育孩子的妇女往往受到她们的丈夫，乃至其他妇女的鄙视，因为这些女人断绝了祖宗的香火。也是由于同样的原因，生了女孩的妇女也要低人一等，因为中国文化认为只有男孩才能延续祖宗的香火。基督教的信仰不主张祖先崇拜，因此这种宗教进入中国后就很难获得大家的接受。

中国人对祖先的崇拜绝对是发自内心的。每个中国家庭，哪怕是那些最贫困的家庭，也一定要在房屋的角落里为祖先的牌位留下容身之地。每年 4 月，中国人总要倾巢而出，祭扫祖先的陵墓，修整坟头、种植树木。同样是在这天，家族里的男人[①]还要给祖先的牌位献上丰盛的供品，以示他们对列祖列宗的尊敬。中国人相信，要是没有后代在人间为死后的自己按时献上供品，他们的灵魂在那个世界就会沦为乞丐。那些不幸死于战争、饥荒，或者死在海上、外国的人，灵魂永远也回不了家，找不到归宿，只能成为孤魂怨鬼。中国人还相信，要是怠慢了祖先，就要遭到报应，所以他们祭祀祖先的仪式绝对不敢马虎。不但要为祖先献上丰盛的食物，还要为他们焚烧纸质的钱币和衣服。晚生后辈则要跟在家里最年长的人身后，恭恭敬敬地向祖先磕头行礼。

针对祖先的祭祀仪式不但要在坟地举行，每户人家还要在家里供奉祖先的牌位，时刻表达敬意。事实上，中国人所有的人生大事都要有已经去世的祖先“参与”，共同完成。如果某位男孩幸运地长到了

---

① 中国传统文化只允许男人进入祠堂参与祭祖仪式。

烛台

成年，父亲一定要带着他在祖宗的牌位前面表示感恩；某位女孩成年出嫁时，她的家人一定要向祖先报告；某位男孩成年迎娶新娘时，他的家人首先要给祖先献上美酒和食物，请求他们祝福新人。祖先即便已经不在人世，也要严格监督尘世间的一切，每个中国人临终时最关心的两个问题首先是自己的灵魂能不能在那个世界得到祖先的接受，其次则是自己的灵魂能不能享受到后代的无限崇敬。

除了祖先，儒教还敬奉上百位各色神灵①。比如创造汉字的神，传说这位神仙模仿鸟兽在地上留下的脚印，创造出了今天的汉字②。中国人对文字异常崇敬，滥用文字本身就是一种异常严重的亵渎行

① 作者把很多中国民间传统文化都算在了儒教的范围内。
② 指仓颉造字。

为。国家为此甚至拿出数额不菲的专款雇人收集那些散落在各处，写了文字的纸张，带到镌刻有“敬惜字纸”4 个大字的焚烧炉集中焚烧。这种专用焚烧炉在中国的各处寺庙里都可以看到，有些对自己要求特别严格的人就连焚烧后的纸灰也不能随意丢弃，必须要把它们撒到干净的河流里。中国还有所谓的“狱神”，这种神专门在监狱里供奉，死囚离开监狱赴死前，要恭敬地向他磕头致敬。战神关帝在中国人心目中处于几乎跟孔子平行的地位①。中国的战神拥有众多信徒，在至少 1600 间庙宇中享受人们的供奉。不光战神本人，就连他使用过的大刀也被当做圣物②，陈列在庙宇里。官员每次去刑场监督死刑执行后，都要到战神的庙宇祭拜，祈求战神压制住死囚的灵魂，不要让他来找自己报仇。

孔子是儒教的创立者，公元前 551 年生于今天的山东省。公元 1465 年，宪宗皇帝③特意下旨在孔子的坟前竖立石碑，称赞他为“引领世人走出黑暗的明灯”。孔子生活的时间跟居鲁士二世④统治波斯的时间大体吻合。他的父亲是位低级地方官，孔子 3 岁那年就过世了，留下母亲把他养育成人。孔子的母亲是位非常优秀的女性，在她的教导下，年仅 20 岁的孔子就成了公认的博学之士，因此还被授予了官职。很遗憾，孔子的生活刚刚小有起色，他的母亲就去世了。按照中国传统，孔子主动辞职回家，整整为他的母亲守孝 3 年。利用这段时间，他充分研究了自己国家的文化和历史。3 年后，当孔子结束守孝时，他已经对这个国家的过去烂熟于心。这之后，他开始不定期地四处周游，担任各种官职。孔子学说的核心是对父母的孝顺，对年长者的恭敬，以及对朋友的友善和诚实。孔子经常告诫世人说：“不要对

① 中国传统文化将孔子和关公都尊称为“夫子”。

② 关帝庙都要陈列青龙偃月刀的复制品。

③ 指明宪宗朱见深。

④ cyrus，又称居鲁士大帝，古代波斯帝国皇帝，被今天的伊朗尊称为国父。

别人做你不希望别人加之于你的事[①]。”说来也奇怪，孔子的学说虽然非常有道理，后来甚至演化成了中国文化的根基，这个人活着的时候却非常潦倒落魄。

公元前 479 年，时年 73 岁的孔子带着深深的遗憾告别人世。死后的孔子逐渐演化成了中国人心中类似于耶稣那样的天地主宰。中国的每座城市都设有供奉孔子的庙宇，每个学校都要供奉孔子的牌位。他的第 76 代直系子孙今天生活在北京，名叫孔令贻[②]，被国家授予了公爵爵位。

② 道教

道教的创始人被尊称为“老子”。这个尊称的由来据说是因为老子生于公元前 604 年，比孔子年纪稍大。老子幼年和青年时的历史比较模糊。对于这个问题，中国神话创造者的解决方式是把老子塑造成一个生下来就是老头儿的传奇人物。老子在世时被当时的中国皇帝任命为编写历史的小官，过着一种半退休的悠闲生活，他这个人主张躲避尘世的纷乱，喜欢清静和无为。老子之所以被尊奉为道教的创始人，主要是凭借他撰写的《道德经（tao teh king)》，这本书是他清静、无为思想的总结。

今天中国人信奉的道教在老子去世 500 年以后已经雏形初具。这种宗教跟老子的学说虽然具有很多联系，同时又存在着非常大的区别。道教的核心思想就是“道”，它被认为是整个世界的基点。这门宗教信奉的神灵异常众多，各种祭祀仪式也非常有意思。就算老子今

---

① 己所不欲勿施于人。

② 孔子的第 76 代嫡孙，1877 年袭衍圣公爵位，1898 年奉谕为翰林院侍讲，衍圣公有时居住在山东曲阜孔府，多数时间则居住在北京太仆寺街的衍圣公府。

天复活过来，恐怕也不会相信这门宗教是以自己的学说为基础发展起来的。中国传统的道教包含了不少非科学的成分，比如点金术、炼银术，还有长生不老之类的。

道教信仰的神灵多得数不过来，可能是各种宗教里最多的。道士习惯身穿蓝色的棉布长袍，脚上套一双白色的直达膝盖的布袜子。信奉道教的人大致可分为两个群体，有些人常年生活在寺庙里，有些人则拥有自己的家庭，只是在寺庙举行活动时，才穿上那身祭祀的衣服，赶过去参加仪式。道教信仰的神灵非常多，实在介绍不过来。例如，道教有一种专管发烧的神，他的神像被塑造成没长胡子的年轻人形象，只有发烧的人才会找他祈祷。相应的，道教中还有专管头疼的神、打摆子的神、咳嗽的神、天花的神等等等等，就连身体的每个部位，哪怕是指甲和头发，在道教中也有对应的神。治病是道士的重要工作，他们治病的方式主要依靠法术，例如用黑色或红色画一些谁也看不懂的神符，再把它烧成灰，放到水里喝下去。有时，他们也会用具有“法力”的水或油直接涂抹病人的患处。苏州有这样的习俗，某人如果罹患失眠症，就要去道教寺庙里专管睡眠的神像前烧炷香，这就可以了。如果还睡不着，病人还得向这位神仙敬献一床被子。

星星在道教中占有非常重要的位置，特别是主管幸福、官运和寿命的这 3 颗星[①]。除了皇帝在每年两次祭天仪式中供奉二十八星宿外，中国就只有星象学家和道士会经常性地祭拜这些星星了。中国人相信，星星主宰着人间的一切，星象的变化预示着各种灾难或幸福。例如，彗星的出现就被认为是灾难的先兆，慈禧太后本人的经历似乎就可以成为这种说法的佐证。

按照中国传统，人过 40 岁，每隔 10 年就要庆祝一次大寿，即便慈禧太后也不能免俗，虽然她的每次大寿都伴随着灾难的发生。1874

① 即福禄寿三星。

年，慈禧年满40岁，他的儿子同治帝因病去世。1884年，慈禧50大寿，大清帝国跟法国开战。1894年，慈禧60大寿，全国为了庆贺太后60大寿作了充足的准备，结果日本又跳出来找麻烦。眼下①，太后的70大寿马上就要到了，大清帝国的星象学家们为此云集位于北京城墙上的天文台②。这座天文台曾经拥有很多古老的天文仪器，只可惜，它们中的大多数都在刚刚结束的战争中被法国和德国的军队劫掠走了。星象学家们来到这座天文台的目的是要在1903年挑选出个黄道吉日，以便正式开始太后70大寿的庆祝阶段。偏偏就在这个时候，一颗彗星从紫禁城的上空划过。你可以想象，这有多么晦气！星象学家们认为，彗星现身就是为了警告他们不要举办太后的生日庆典，甚至随后的1年当中任何重大活动都不宜举办。

除了星星，中国人还非常崇拜太阳和月亮。道格拉斯教授（professor Douglas）在自己的书中这样写道：

> 中国民俗认为日食、月食的发生是因为有妖怪正在吃它们，为了拯救太阳或月亮，人们就必须采取行动，否则国家就将遭受灾难。具体的做法是由朝廷出面，号召百姓拯救太阳或月亮。帝国的钦天监能够提前几个月推算出日食或月食的发生，然后把这个消息报告给礼部，礼部则再把这个消息通知给各省的总督、巡抚，总督、巡抚则把这个消息层层传达给手下的地方官。到了预定的时间，地方官就要齐集在总督或巡抚的衙门里，衙门的院子当中要设立祭坛，还要焚香。大小官员要根据长官的号令，集体向着祭坛下跪、磕头。这之后，大小官员还要亲自擂鼓，希望通过鼓声把吃太阳或月亮的妖怪吓走，道士则要在这个过程中配合

---

① 指作者写作本书的1903年。
② 即今天北京东便门城墙上的古观象台。

他们做法。为了增强威慑的效力，老百姓也被要求爬上自家的屋顶，根据衙门的号令，敲响各种能发出声响的器物。这样一来，威胁太阳或月亮的妖怪就会被吓走了。

有天，我们参观了位于北京城西南方向的道教寺庙白云观。那是一座非常宏伟的寺庙，据说是为了纪念道教的创始人“丘祖①”而建立的。那天下午 3 点，我们裹挟在进香者组成的人流中，朝着白云观前进。这些香客形色各异。有些是来自满族王公大臣家的女眷，她们每年只有这一天时间②能够被允许坐在几乎全封闭的骡子车里出来散散心。这些贵妇人的车夫双腿拧着麻花，坐在车辕上赶着牲口。车夫的身后，一道布帘子把车厢的入口遮盖起来，挡住了人们窥视美人的视线。社会地位比较低的人只能在路两侧慢慢步行，忍受着车马激起来的灰尘。兜里有几个钱的人则乘坐租来的毛驴，飞快地从他们身边跑过。足足有好几百名乞丐，他们跪在路边，不停地磕头，请求路人施舍。卖水果和蔬菜的小摊贩也不顾冲天的灰尘，在路边摆起了摊子，连声叫卖，用尽招数吸引买主。走到白云观附近时，周围的人越来越多，各种噪音纠结在一起，甚至听不见旁边的人说话。

我乘坐的是 4 人抬的小轿，轿子前后都有人骑马护送。骑在马上的人反复呵斥，费了好大的劲，这才在人群里开出一条路，我的轿子趁机通过大门，进了白云观。此前一天，我们已经专门派人通知寺庙住持第二天来访的消息，当天早上还派了 4 名仆人来白云观打前站。住持为我们提供了一个小房间，可以稍微歇歇脚。这个小房间位于某座中国传统的楼阁建筑里面，整个建筑建在一个比较高的大理石基座

① chin tzu，即长春真人丘处机。

② 据上下文内容推测，作者指的应该是燕九节，即每年正月初九，长春真人丘处机的生日，过去北京白云观要在这天举办庙会，游人如织。

白云观

上。房间的窗户还是中国传统的格子式样，好在糊窗户的纸已经被来自西方的玻璃代替，丝毫不妨碍我们欣赏外边的风景。

白云观可能是北京规模最大、最富有的庙宇之一。紫禁城中的太监是这座寺庙的最大施主，他们这么慷慨，主要是为了自己上了年纪，从皇宫中退休以后，能够有个落脚养老的地方。这座寺庙据说最早是在元代由丘祖本人亲自兴建起来的，大清立国后又多次得到修缮和扩大。丘祖的生日就在今天，按照传统，白云观晚上还要挂出很多灯笼以示对他的纪念。这些灯笼中的精品全部被悬挂在进入大门后的主要通道两侧。白云观的大门前有两根非常高的旗杆（中国道教寺庙的门前都有这样的旗杆），上面挂着两个巨型纸灯笼，每个灯笼的 4 个角又悬挂有色彩各异稍小些的灯笼。晚上灯笼点起来的时候，是处非常漂亮的景致。中国人非常善于制作灯笼。据我所知，他们使用灯笼的年代非常久远。直到现在，中国很多街道的街灯还是最传统的灯笼，中国人不论贫富，夜里出门的时候也要手提着灯笼。

就像其他中国寺庙一样，白云观里也有不少精致的庭院。某位道士自告奋勇，充当向导，引领我们在各处参观。在某座庭院里，我们看到有人正在向中国人信仰的“喜神”祭拜行礼。那是一位年轻的姑娘，她先在神像前面磕头，然后又用颤抖的手从竹筒里拿出一根签子。这根签子上有字，而且是编了号的，道士要根据这根签子上的文字和编号，从一大堆小卡片里找到对应的解释，预测姑娘未来的命运。

我们在另一处庭院看到的景象更加令人匪夷所思。大殿三面的地上都端坐着道士，他们的双腿盘在身下，用蓝色的袍子盖得严严实实，手掌向上平放在膝盖上，眼睛紧紧闭着，一动不动，就跟塑像一样。大殿的墙上写着“有求必应”4个大字，这几个大字周围还悬挂着一些旗帜、彩带之类的东西。后来才弄明白，这些道士是在等待一个伟大的时刻。到了那个时刻，他们的精神就可以摆脱肉体束缚，前往天堂拜见伟大的丘祖[①]。很多信徒都来朝拜这几位道士，大把、大把地施舍铜钱。每天晚上信徒离开后，这些道士也会结束神圣的等待，返回各自的房间吃些信徒们送来的糕饼充饥。

参观过程中，我们还看到了一处相当于养老院的庭院[②]。这座庭院里生活着3位年纪非常大的道士，其中的一位据说已经有107岁了。他们的年纪的确非常大，以至于无法对来访者作出得体的反应，甚至根本注意不到我们的存在。尽管如此，还是有很多信徒来到这里，向他们磕头祈福。尊老是中国人的传统，这些具有某种神奇法力的老人理所当然地受到了特别的尊重。

---

① 这里说的是道教的羽化飞升，类似于和尚的圆寂。

② 指白云观老律堂。

告别这些老人，向导带着我们进入了一处可能是整个白云观最奇特的地方。这座庭院中间有一口大理石井口的水井，这口井非常、非常深，井口周围围着汉白玉的石头栏杆。井里有个拱门形的结构，拱门下面一动不动，盘腿坐着位道士。他的前胸和后背都挂了一块护心镜似的东西，直径大概 18 英寸左右，护心镜的正中还挂了个小铃铛。众多信徒围着井口向道士投掷铜钱，谁能够把铃铛打响，就意味着接下来的一整年都有好运气[①]。我们来到这个院子的时候，道士的身边已经落了厚厚的一层铜钱。大家入乡随俗，也往井里丢了不少铜钱。

我们在白云观各处游览时，始终有很多中国的男女老幼跟在旁边看"洋鬼子"。这些人掩饰不住自己的好奇心，不过始终保持着礼貌和善意。就算我们返回那个小房间吃晚饭，他们也不愿意离去，而是挤在窗户那看"洋鬼子"如何吃饭。饭后，我们把多余的面包、水果和干果送给他们，这些人显得非常高兴。用过晚饭，我们继续在白云观各处参观，这些看热闹的人照旧跟着我们。直到那天午夜，我们才动身离开。头上圆圆大大的月亮将路上的小石子照得发出钻石般的光泽，北京城高大的城墙在夜幕中变成了黑乎乎的一片，屹立在满是星辰的天空之下。

③ 佛教

佛教的创始人被尊称为"佛祖"，具有王族血统，公元前 624 年出生在印度某地，"佛"的意思是"觉悟了的人"。佛祖还被人们尊称为"释迦牟尼"，这个词的意思是"释迦族的圣人"。关于佛祖的各种传说本身就可以写一本书。据说，他出生在某座花园的无忧树下。他

---

① 这种祈福形式是白云观的传统，今天仍然存在，只不过把道士换成了一枚巨大的铜钱，能够用手里的硬币击中铜钱就意味着好运。

的降生伴随着众多神奇的自然现象，比如电闪雷鸣、出现彩虹、天降玫瑰花雨，以及 9 条龙喷出热水和冷水为刚出生的佛祖洗澡等。佛祖刚出生就能走路，他向东南西北 4 个方向各走了 7 步，然后一手指天，一手指地，高呼“天大地大，唯我独尊”。佛祖出生 7 天后，他的母亲就去世了，身为王子的他是由姑姑和 32 名保姆共同抚养长大的。这些保姆分别负责给他洗澡、喂饭、陪他玩耍等等。佛祖就这样在王宫中幸福地生活了 8 年，每天骑着配备金鞍的山羊各处游走。最神奇的是，佛祖从降生那天起就没哭过。

8 岁以后，佛祖的父亲为他请来了最好的老师，这些人发现他们的学生具有惊人的天赋。15 岁那年，佛祖正式被确定为王位的继承人，此时的他已经是位非常英俊、善良，具有男子气概的年轻人，他的父亲下定决心要把这个儿子培养成最最出色的国王。后来，佛祖的父亲决定为他娶亲，佛祖最终从众多候选人中选出了一位美丽的黑眼睛姑娘。结婚那天，仅仅陪同新娘出嫁的女仆就有 500 名。国王为佛祖修建了世上最好的宫殿，希望儿子和儿媳能够在里面幸福地生活，光是取乐用的舞女就一次为他们配备了 3000 多名。正是这些不幸的女人让佛祖对人类的命运作出了反思，他最终决定舍弃自己拥有的一切，离家探索世界的真谛。得到父亲的准许后，他乘坐纯金的马车，离开了自己的乐园。离开了乐园的他看到了完全不同的世界，这个世界充斥着衰老、死亡，还有苦难。佛祖疑惑不解地向为他驾车的车夫询问其中缘由，车夫告诉他说这没什么大不了的，因为每个人最终都要走上这条路，即便王子也没有特权。觉悟了的佛祖决定舍弃他所拥有的一切，离家修行。

从那天开始，佛祖离群索居，在菩提树下静坐沉思，让自己的精神进入冥想状态，持续了整整 6 年，经受了各种诱惑的考验，最终觉悟成佛。从此以后，财富、权力等等尘世快乐就对他失去了意义。找到世界真谛的佛祖开始在印度各地游历，传播自己的思想。80 岁那年，他在波伐城[①]一处有 18 棵娑罗树环绕的空地上圆寂。佛祖虽然离开了人世，他的思想却流传到中亚、锡兰[②]、缅甸、暹罗[③]、安南[④]、日本和中国等地。

佛教进入中国是在公元 61 年的汉朝时期[⑤]。当时的汉朝皇帝夜里做梦，梦见一位全身发着金光的神人。这位神人在梦里让汉朝皇帝派人去西边的国家寻找自己，还要让这些人把他撰写的书籍以及他本人的画像带回中国[⑥]。汉朝皇帝遵命派遣两名使者前往西方寻找这位神人，而且要求他们找不到神人就不要回来。这个时间大概也是圣托马斯[⑦]在印度游历、布道的年代。如果这两位使者遵守皇帝的命令一直向西走，那么他们带回中国的很可能就不是佛教，而是基督教。很可惜，两位使者畏惧前途艰险，刚刚进入印度就不再继续往西走，所以佛教就得到了向中国传播的机会。发现了佛教的两位使者又耗费数年时间才返回中国，随同他们来到中国的还有佛祖的画像、大量的佛经，以及两位印度僧人。这些人返回中国后，便开始着手将佛经翻译为中文。

---

① 汉语佛经也有译为“婆瓦村”的。

② 今斯里兰卡。

③ 今泰国。

④ 今越南。

⑤ 即东汉。

⑥ 东汉永平十年，公元 67 年，汉明帝夜寝南宫，梦见金人，身长丈六，飞绕殿庭，顶佩白光。第 2 天早上，汉明帝让众位大臣替他解梦，博士傅毅告诉皇帝说，西方有神，其名曰佛，正如陛下所梦。明帝信以为真，于是派遣蔡愔、秦景、王遵等十多人出使天竺，求取佛法。这些人在西域大月氏国遇到了在当地传教的天竺高僧摄摩腾和竺法兰，就带着这两位高僧，用白马驮载佛经、佛像回到洛阳。第 2 年，汉明帝下令在洛阳城西修建寺庙，供天竺高僧居住，这就是洛阳白马寺。

⑦ st Thomas，即托马斯·阿奎纳 Thomas Aquinas，意大利人，中世纪著名神学家和哲学家，代表作《神学大全》，号称“神学之王”，死后入圣。阿奎那其实并没到过印度，不过他曾在拜占庭，也就是东罗马帝国游历、讲学，这个地方距离印度不远。

汉朝灭亡后的几个短暂朝代中，佛教获得了皇帝的有力支持。名叫“法显[①]”的高僧再次横穿中亚地区，来到印度求学佛法。14 年后，他取道锡兰和马六甲海峡，走海路将大量佛经带回了中国。记录这位高僧传奇经历的自传性作品现在已经被翻译成了英文。

佛教在中国的传播经历了多个高潮阶段。公元 681 至 907 年的大唐时代，由于一位皇帝的提倡，这种外来宗教在中国达到了全盛。这位皇帝被称为宪宗[②]，他当政的时代曾多次举行盛大仪式，供奉从印度传入中国的释迦牟尼佛骨舍利。这段历史因为一位读书人韩愈针对皇帝撰写的大胆文章而家喻户晓[③]。公元 1368 至 1644 年的明朝建立者洪武帝原先就当过和尚，成为皇帝后，自然对佛教照顾有加。他的继承者永乐帝异常讨厌佛教，曾颁布法令严格限制佛教发展，不过从他以后的历代明朝皇帝始终保持着对佛教的宽容态度。公元 1644 年，大清帝国的首位皇帝顺治帝退位后出家当了和尚。上个世纪，乾隆帝则把位于杭州的某处属于他父亲的宫殿捐献出来，变成了佛教寺庙[④]。

中国人对待和尚的态度非常矛盾，僧人在这个社会受到普遍尊重，具有比较高的社会地位，大家争相供养他们，然而出家为僧却被认为是一种比较不幸的人生遭遇，某人如果打算出家，一定会受到反复的规劝和阻拦，因为出家即意味着抛弃世俗生活，包括父母亲人。对世俗人而言，和尚的主要功能是替他们死去的亲人超度灵魂。佛教让中国人相信，一个人做了多少好事，就会遭到多少好报，做了多少坏事，就会遭受多少恶报。这种哲学被称为“善恶因果”。苏州的很

---

① 334 年—420 年，东晋高僧，中国历史上第 1 位到海外取经求法的僧人，公元 399 年，法显等人从长安出发，经西域至天竺，游历 20 多个国家，收集了大批梵文经典，历时 14 年回国。

② hsien tsung，即唐宪宗李纯，他在位期间大唐国力得到恢复，史称“元和中兴”。

③ 唐宪宗元和十四年，公元 819 年，唐宪宗打算把佛骨请入宫内供养三日，韩愈听说这个消息，写下《谏迎佛骨》一文，差点因此丢掉性命。

④ 原文如此。史料并未发现相关记载，作者指的可能是北京雍和宫。

北京后门桥镇水神兽

多中国人手里都有一种小册子。这种小册子不但对人的各种行为作出了善和恶的区分，而且还给不同的善行和恶行开出了相应的分数，做了某种善行就可以增加若干分，相应的，做了某种恶行，就要减去若干分。最后剩下的分数越多，也就意味着这个人的福报越大。杜博斯(Du Bose)先生向我们介绍了这种小册子中的部分内容：

善行

替父亲还债，加10分

在父亲的葬礼上表现得体，加50分

富贵以后不抛弃贫贱时的妻子，加100分

借给陌生人一把雨伞，加1分

为修桥、补路、挖水井、修运河等工程提供捐款，大概每4先令加10分

为穷人提供棺材，加30分

替没有子女的人办理后事，加50分

劝阻某位母亲杀婴，加30分①

① 中国古代重男轻女，很多地方都有杀死女婴的陋习。

营救某位即将被杀死的婴儿，加 50 分
拯救昆虫的性命，每 100 只加 1 分
埋葬死去的野鸟，每只加 1 分
为购买动物放生提供捐款，每 5 便士加 1 分
捡起掉在地上的一粒米，加 1 分
归还街上捡到的东西，按东西的总价，每 5 便士加 1 分
给乞丐施舍，每 5 便士加 1 分
1 年不吃牛肉或狗肉，加 5 分
出资印刷 1 部佛经，加 100 分
主动放弃追讨某笔债务，加 100 分
销毁诲淫诲盗的书籍，加 300 分
终生保持贞洁，加 1000 分

恶行

爱恋妻子甚于父母，减 100 分
听信妻子挑唆，致使兄弟失和，减 10 分
无视继室虐待前妻留下的孩子，每天减 1 分
长舌头，传闲话，减 30 分
不诚实，减 30 分
怀有恶念，减 10 分
冬天把冬眠的虫子从土里挖出来，每只减 1 分
嘲笑相貌丑陋的人，减 3 分
弄脏书籍，减 5 分
把酒肉带进寺庙，减 5 分
酗酒，每喝醉一次，减 5 分
谋夺别人的财产，减 100 分
制造假币，减 100 分

乱丢写有或印有文字的纸张，减 50 分

吃牛肉或狗肉，减 100 分

把别人的棺材挖出来，减 100 分

官员不主动禁止杀婴，减 10 分

协助杀婴，减 50 分

亲自动手杀婴，减 100 分

出版诲淫诲盗的书籍，罪大恶极无法计分

佛教认为人死后的灵魂将进入六道轮回，至于具体进入哪个道，则取决这个人在类似上面这种表格中的得分情况。分数不同，他有可能转世投胎为昆虫、鸟、牲畜、穷人或者富人。此生行恶的人必定转世为低等生物，只有那些行善的人来生才能投胎到富贵人家。中国人差不多都是灵魂转世说的信徒，他们认为，自己此生的命运取决于前生的所作所为。

佛教的核心思想在于色空，世间一切皆为虚妄，佛教的信徒应该处于认清这个问题以后“不生不死”的状态，通过涅槃达到无忧无虑的极乐境界。普通的中国老百姓无法理解如此玄奥的哲学，因此佛教在中国最为人们普遍接受的理论就是因果报应，寺庙、僧侣努力向人们宣传的也是这样的思想。通常来说，佛教寺庙大多位于名山大川之类山清水秀的地方，不过很多中国的小城镇和村庄也会设有相对简陋的寺庙。佛教的神灵与其他成千上万的神灵和谐地生活在一起，分布在中国的大街上、店铺里，老百姓的家中，乃至桥梁上、门洞里，数也数不过来。

第四章　中国的语言

中国人的语言肯定是全世界最难掌握的一种。他们的口语和书面语简直就是两种完全不同的语言[1]，而且 1 个汉字往往具有很多种意思。中国人口语的音节总共大概有 500 多个，为了准确搞清楚某个人发出某个音节是想表达什么意思，你就必须注意他发音时的声调、语气，他说话时的上下文语境，修饰这个音节的虚词，乃至这个音节在句子中的具体位置。

一个音节按不同声调发音时可以代表不同的意思，这无疑让中国话变得更加难以掌握，然而这又是所有学习者必须过的一关。例如“chu[2]”这个音节，它对应的汉字就可以是“珠、猪、竹、诛、铸”等等。北京方言一般只有 4 种声调，中国其他地区方言的声调最多可以达到 8 种!

威妥玛爵士用下面的例子为我们说明了北京人说话中的四种声调问题：

> 我们分别用 A、B、C、D 代表 4 个北京人，他们在谈论某位共同熟人的近况。A 告诉大家说这个人已经死了；B 认为他有可能是被人杀死的，但又不确定；C 坚决否定了 B 的疑问；D 最终强调确定了 A 和 C 带来的消息：
>
> A 用一声调……死了。
>
> B 用二声调……让人杀啦？
>
> C 用三声调……不是[3]!
>
> D 用四声调……是。

---

① 指晚清时代口语已经是跟今天差不多的白话，书面语则还是古奥的文言。

② 作者在本书中使用的是威妥玛字母表，这种字母表跟今天的汉语拼音大同小异，是由英国外交官、汉学家，Thomas Francis Wade 发明的，威妥玛字母表至今仍是西方人拼读中国地名、人名的主要参照。“chu”相当于汉语拼音的“zhu”。

③ 作者这里说的是北京土话，北京人用这两个字表示否定意思时要把“不”的发音拉得很长，还要拐个弯，“是”的发声短而轻。

詹姆斯先生（Mr James）在他的书里也介绍了中国话口语中因为声调的不同造成的误会。例如，中国人管给马装上鞍子叫“备马”。如果你搞错了声调，就可能把“备马”说成“备妈”，有些调皮的中国人就可能问你是不是还要“备爸”。

懂英语的清军军官在跟外国军人交流

这还不算完，中国话口语的最大问题是不同省份的口语又存在无穷尽的变化。不同省份间口语的差异性有时甚至让人感觉他们是两种完全不同的语言，如果不经过事先学习，根本无法理解对方正在说些什么。我曾经亲眼见过一位北京籍的仆人用“广东英语[①]”跟一位广州人交流，这是他们唯一能够相互理解的口头沟通方式。好在不管口

① pigeon-English，清代以后大量英国人来到广州从事对华贸易，“广东英语”应运而生。今天的中国人学英语大多经历过用汉语给英语注音的阶段，“广东英语”就是用汉语给英语单词注音，分门别类地编辑成名为《鬼话》的小册子。实际使用时不管语法，直接把单词连成句子说出来，只要能表达意思就行。鸦片战争后，“广东英语”流传到上海外国商馆集中的洋泾浜，就演化成了“洋泾浜英语”。

语怎么变化，书面语只有一种，所以各省中国人互相通信可以畅通无阻。为了沟通方便，中国人后来发明了全国通用的“官话[1]”。顾名思义，这种口语最早是在官场中使用的，后来又在商人圈子里普及开来，按大清帝国的制度，官员上朝一定要使用官话，参加科举考试也一定要使用官话。

所有东方语言当中，中国话是最讲究使用各种表示恭敬和自谦的修饰词的。例如，两个原本不认识的中国人见面时，通常要采取下面的流程互相介绍：

老先生贵姓？

贱姓吴。

久仰、久仰，敢问吴老先生高寿？

不敢，不敢，已虚度50春秋。

老先生膝下几位公子？

家门不幸，只有犬子一人承欢。

类似的例子还有很多，比如中国人提到自己的妻子一定要把她称为“贱内”，提到别人的妻子则一定要尊称为“贵宝眷”。所有的中国话口语当中，官话是最讲究礼节和规矩的。中国人如果打算跟某人搭讪，可以从问候他家人的健康情况入手。问完了健康情况，可以再问问对方有几个儿子，不过随便提及对方的妻妾却被认为是非常不礼貌的行为。同样是出于礼貌的考虑，中国人提到自己还在世的父亲时一定要尊称他为“家君”，如果这位父亲已经去世，则要尊称他为“先严”。相应的，已经去世的母亲则被尊称为“先慈”。如果某位中国人

① 相当于古代中国官方规定的普通话，历史上，随着国家情况的变化，官话也要作出相应的调整，清代官话基本等同于北京方言。

有幸当了官，别人就要尊称他为“大人”。如果某位中国人身份比较富贵显赫，却没有担任什么官职，别人可以尊称他为“老爷”。我们西方人现在也可以享有这样的尊称。皇帝通常被尊称为“天子”，也可以称呼他为“万岁”。慈禧太后则被尊称为“国母”或者“老佛爷”。总的来说，中国人交流时最基本的礼貌原则就是尽可能抬高别人，同时贬低自己，在自己身上使用一些表示轻贱意味的修饰词。违反了这样的原则，你将寸步难行。

乡村绅士

本书介绍的中国话口语仅仅属于冰山一角，却已经让人头痛万分。相比口语，中国话的书面语更加难以掌握，就连很多中国人自己也不一定能够掌握。中国的文字书写据说是由生活在公元前 2697 年至公元前 2597 年的黄帝手下的臣子仓颉发明的。中国人的文字不是由字母组成的，而是众多具有象征意味的符号[①]。汉字使用的符号大致分两种，一种是表示意义的，一种是表示声音的，前者差不多有 214 个，后者的数量超过 1000 个。这两种符号相互组合，就构成了汉字的主体[②]。中国的读书人普遍认为，某个人认识的汉字越多，他的学问也就越大。

汉字的字形是跟中国人的文化观念紧密相连的，这里可以简单举几个例子。汉字“人”的字形象征人是两脚站立的动物。中国人认为肚子是储藏学问的地方，因此也是最重要的，这或许就是“人”字没有代表头部的结构的原因。按照中国传说，混沌初分，清气上升为天，浊气下沉为地，天地形成后，包括人在内的万物才被创造了出来。人是万物的老大，因此把“人”字向上延伸，伸出象征地平线的一横之上，就代表“大”的意思。人是万物的老大，可人再怎么大也大不过天去，所以“大”的头上再加一横，就是天的意思。相对来说，“口”和“山”这样的字比较简单，它们就是从所代表的事物的图画衍生而来的，本身并没有更深的含义。这些比较简单的汉字还可以相互组合，表达新的意思。例如“囚”字，它的意思就是四堵墙里面围着一个人，象征囚犯的意思。“言”字是由“口”和三横、一点组成的，那三横、一点就象征从嘴里说出来的话。“家”的上半部分象征屋顶，下半部分则代表猪，屋顶下养着猪，就是中国人心中最原始的家。

汉语难于掌握的原因还在于，这种语言使用的文字没有类似英语

---

① 类似英语这样的西方语言属于表音文字，它通过字母组合来记录声音，传达意义；汉字是由象形文字发展而来，属于表意文字，字形本身就可以传达意义。

② 汉字字形分象形、指示、会意、形声、转注和假借 6 类，其中形声字数量最多，这种汉字是由形符和声符组成。例如“铜”字的“金字旁”表示这个字跟金属有关，是形符；“同”表示它的发音，是声符。作者这部分关于汉字的介绍是从西方人的角度出发的，不是特别专业。

那样明确象征词性、时态、性别之类的标志，而且还没有标点符号。

第五章　中国的文化经典

我们不可能按照西方的标准去评价中国的文学、文化，因为他们使用的是一种完全不同的语言。西方人要想掌握中国的语言已经异常困难，打算理解这个国家的文学和文化，更是难上加难。总体而言，中国的文学、文化偏向于历史、道德等严肃内容，缺少类似西方那样丰富的想象和情感因素。在科举考试面向几乎所有社会阶层的前提下，中国人的读书热情普遍高涨，甚至远远高于西方国家。

历史上，中国的文学和文化遭到过数次灾难性的破坏，例如公元前 212 年著名的焚书事件[①]。基于这样的原因，今天的我们已经很难对中国文学的起源时间作出确切的判断。中国最早的文学、文化经典之一当属《易经（book of channges）》，这本书是在公元前 1150 年由一位名叫“文王（wan wang）”的哲学家在囚禁生活中创作完成的[②]。《易经》可以被视为整个中国哲学的基石，正如理雅各博士（Dr Legge）所说：

> 《易经》提出的八卦虽然只是 8 种简单的线条，但是这些线条又可以衍生出无穷的变化。

贾尔思博士（Dr Giles）对《易经》的理解相对更加深入，他向世界这样介绍八卦：

> 8 种卦象时合时分，衍生出 64 种变化，它们象征着世间万物。

① 指秦始皇焚书坑儒。
② 即文王囚羑里而演《易》。

《易经》的内涵极其深奥，不但西方人很难理解，即便很多最有学问的中国人也无法真正领会其中深意。

公元前 1766 年至公元前 1122 年的商代，具有传奇色彩的《周礼（book of rites)》已经雏形初具，这本书的作者名叫周公[①]。若干个世纪以来，《周礼》始终是所有中国人的生活指南。《周礼》对中国人的影响如此深远，直到现在，他们生活中的每个细节仍然可以找到这本书的影子。问世 3000 多年以后，《周礼》不但深刻影响着中国，也把这种影响扩散到了周边国家。现而今大清帝国的中央政府大致可以划分为 7 个办事机构[②]，这其中的礼部的设立就是以《周礼》基础的。中国人共同的老师孔子也对《周礼》推崇备至。

《尚书（book of history)》记载了公元前 24 世纪中期至公元前 721 年的中国历史，位列中国最重要“四书”“五经”之一。这本书记载的内容可能并不完全可靠，却是目前能够找到的反映那段历史的唯一文献。

《诗经》是一部古老的中国诗歌总集。据中国著名的历史学家司马迁所说，这本书最终经由孔子删改编辑完成。就西方人的口味而言，《诗经》保存的诗歌跟古希腊时代的同类作品具有明显的区别。《春秋（spring and autumn)》是孔子的另一部重要作品。据孔子去世后 118 年出现的另一位重要哲学家孟子所说，孔子创作《春秋》的目的是有感于现实的沦丧，希望通过追忆历史的方式，匡正现实，遗憾的是，正如理雅各博士所说，孔子创作《春秋》后的 242 年间，这本书并没有发挥他预期的作用。

---

① 《周礼》一般被认为是周公旦编纂完成的，不过也有说法认为这本书是战国时期的伪托之作。

② 即传统的吏、户、礼、兵、刑、工六部，再加上八国联军侵华后由总理衙门升级而成的外务部。

我们前面已经提到过中国的“四书”“五经”。所谓“四书”，指《孟子（mang tsze)》、《大学（great learing)》、《中庸（doctrine of the mean)》和《论语（confucian)》。至于“五经”，其实也就是前面提到过的这几本[1]。“四书”中的 3 本书的作者都是孔子，只有《孟子》是由他的后辈孟子创作的。由此可见，孔子在中国文学、文化领域具有多么重要的地位。这位中国历史上最著名的老师对中国文学、文化的贡献是无可争议的，然而与此同时，由此所造成的伤害也是显而易见的。对孔子的盲目崇拜让后来的人们逐渐丧失了独立思考的能力。如果不是后世的盲目崇拜，孔子和他的作品可能无法取得今天的显赫地位，甚至可能早早就被大家遗忘了。无论如何，今天的人们都不应该仅仅看到孔子给中国文学和文化带来的那些好处，却忽视了他的负面作用。

贡院

孔子学说的核心大致可以归纳为强烈的道德意识、对父母的孝敬，以及宽恕精神等等。孔子在他的有生之年从来没有停止过四处兜

① 作者只提到 4 本书，漏掉了《乐经》。

售自己的学说，然而多数人都把他当成怪物看待。今天，所有中国学生都要每月两次向孔子的神位焚香叩拜，所有中国学生都把孔子的书当成金科玉律。这方面的学习成果越出色，便意味着将来更好的前程。只要这样的教育体制存在一天，孔子对中国的深刻影响也就将持续一天。即便是在 20 世纪的今天，他也仍将是很多中国人，甚至很多亚洲人的共同的老师。

《道德经（tao teh king)》的作者老子跟孔子差不多生活在同一时代。老子的著作比较简短，也比较抽象，跟同时期的中国其他思想、哲学流派具有明显区别，体现了强烈的乌托邦色彩。就连《道德经》的这个“道”字本身其实也是非常具有争议性的，因为中国人自己对“道”的理解本身就千奇百怪。有人认为，“道”就是“路”的意思；也有人认为，“道”指代的是自然法则，这个概念的产生跟远古中国人对天的崇拜紧密相关；不过还有人认为，老子可能是个无神论者，所以“道”跟天其实一点儿关系也没有。

中国人自己对“道”的理解都无法取得一致意见，西方人在翻译这个概念的时候，甚至找不到合适的对应词汇，所以很多时候只能采取直接音译的办法。正如道格拉斯教授（professor Douglas）所说：

> 如果要给老子的“道”找个对应词的话，恐怕只有孔子的“术”能够勉强胜任。总的来说，“道”是个非常抽象的概念，每个人都可以基于自身的立场，对它作出不同的理解。“道”这个概念包罗万象，它可以被理解为玄妙的哲学思想，也可以被理解为道士们具体的炼金术，乃至追求长生不老等等。老子甚至可以被认为是现代科学诞生前，人类历史上最著名的炼金术师之一。

老子和孔子去世大概 100 年后，孟子降临人间，他一般被中国人尊称为“亚圣”，也就是地位仅次于孔子的圣人。孟子的著作也是今天很多中国学生的必修课。公元前 212 年，始皇帝发动了著名的焚书事件，中国的文化经典遭到大规模破坏，只有少量被人们保护、收藏了起来。后世凭借这些经典安身立命的中国学者和读书人普遍认为始皇帝的行为是异常愚蠢的，然而从维护自己帝国稳定性的角度考虑，他的行为其实也是可以理解的。为了教训那帮对自己政权指手画脚的读书人，始皇帝下令烧掉帝国境内的所有书籍，只留下那些讲授医学、农学和占卜的技术类书籍，以及符合他自身意图的历史类书籍。始皇帝的命令得到了严格执行，那些拒不从命的人甚至因此被判处死刑。

始皇帝之后的高帝[①]当政后的首要工作就是着手恢复被摧毁的文化经典，他安排学者搜集那些流散民间，因而得以逃脱始皇帝毒手的书籍，还让那些年老的读书人通过口述的方式把已经失传的经典重新整理成文字，某位小女孩也为这项工作出了力[②]。由于这些人的努力，公元前 162 年，中国的文化经典逐渐得到恢复。大概是在耶稣基督诞生前后，中国人已经拥有了 3123 部经典性著作，2705 部普通哲学著作，以及 1383 部诗集[③]。

这个时期出现的司马迁被称为中国的历史学之父。司马迁留下的历史著作《史记》讲述的范围从中国历史的早期一直延续到他所生活的那个时代。由于这本历史著作的文学性，以及它所讲述的那些史料的神话性，我们无法对司马迁的客观立场抱有太大信心，然而不管怎

① kaoti，原文如此。作者的意思可能指汉高祖刘邦，不过秦代遭到禁绝的很多文化经典重新面世基本是在汉景帝和汉武帝时期。

② 指西汉武帝时期，90 多岁高龄的伏生是当时少有的能通过口述方式教授《尚书》的人，汉武帝因此特意把他征召到长安，打算把《尚书》重新整理成文字流传，不过伏生由于年龄较大、口齿不清，再加上有口音等原因，还需要他的女儿羲娥充当翻译。作者说的就是这个故事。

③ 这 3 个数字应该是作者根据《汉书・艺文志》统计出来的。

北京东四牌坊附近的街市

么说，这都是中国最早的编年史巨著。

公元 220 年至公元 618 年，也就是汉代到唐代之间，中国基本处于混乱、分裂的状态。唐代建立以后，中国的文化得以重现辉煌。正如前面所说，中国人很早、很早以前就有了诗歌，然而中国诗歌的鼎盛时期却是公元 681 至公元 907 年的唐代。这个时代出现了两位最著名的中国诗人，也就是李白和杜甫。据说，李白从 7 岁开始就能创作诗歌，并因此得到了皇帝的赏识和资助。遗憾的是，皇帝妃子[①]认为李白在某首诗中对她冷嘲热讽，便开始在皇帝面前说诗人的坏话。无法立足的诗人只得告别宫廷，最终在困苦潦倒中告别了人世。相比李白，杜甫的运气更加不好。他的人生几乎完全是在贫困中度过的，直到死后才获得世人的认可。

① 即杨贵妃。

公元960年至1368年是中国的宋元时期，这个时间段大概跟乔叟[①]生活的时代相吻合，此时的中国在文化方面远远领先于西方世界。这个时代的中国人已经掌握了平面和立体的三角函数[②]，数学水平超乎想象。今天科举考试的雏形也在那个时代逐渐进入人们的生活，这种考试虽然存在种种问题，但它起码儿保证了基本的社会公平。同样是在这个时代，《洗冤录》[③] 出版发行。这本书虽然存在很多反科学的地方，然而它的积极意义还是不容忽视的。直到今天，《洗冤录》仍然是相关领域的官方指定参考书。

这个时代最重要的历史著作是司马光在1084年出版发行的《资治通鉴（mirror of history）》。《资治通鉴》总共有294卷，记载了公元前4世纪到公元10世纪的中国历史。这部书被稍晚些的朱熹推崇为中国历史著作的样本。盛赞司马光著作的朱熹自己也在公元1184年出版了一部60多卷的专著[④]。这部书主要是用来解释孔子学说的，后来也被指定为科举考试的必读参考书。

同样是在这个时代，今天很多中国读书人必读的《文献通考(antiquarian researches)》，由马端临创作完成，总计318卷[⑤]。这部书研究的深度、广度和认真精神令西方学者钦佩不已。正如卫三畏博士[⑥]所说：

---

① Chaucer，英国古代诗人、小说家，生活时间在1343至1400年。

② 主要指祖冲之发现勾股定理。

③ forensic medicine，南宋时代宋慈编纂的法医学专著，这本书很早就被翻译引进到了欧洲，因此在西方具有非常高的知名度。

④ 指《四书章句》。

⑤ 马端临，宋元之际著名的历史学家，《文献通考》主要是总结、研究历代典章制度的，不过这部书总计应为348卷。

⑥ Dr Samuel Wells Williams，1812年9月22日—1884年2月16日，著名汉学家，美国最早来华的新教传教士，“卫三畏”是他的中文名字。

这样的著作提升了我们对这个国家文化的敬佩之情。这部书凭借耐心的调查、客观的立场、多样化的研究手段、巨大的史料容量，以及独到的见解，获得了相关领域的一致好评。

宋元时代，中国小说“四大名著”中的 3 本都已经出现了雏形①。例如，这个时代已经出现了很多以“三国”为题的艺术形式。时至今日，不知道《三国演义》的中国人几乎是不存在的，这本小说的演化历史最早可以追溯到宋朝。

今天主要负责为国家编纂史书，替皇帝拟定旨意，为王公大臣颁发荣誉称号等工作的翰林院是在公元 8 世纪早期建立起来的。这个机构建立之初其实并不是特别显赫，直到明朝洪武年间，翰林院才逐渐受到人们重视。能够有幸进入翰林院的读书人，则被公认为这个国家最有学问的人。翰林院的具体位置距离英国驻北京公使馆不远，只可惜这个地方在刚刚结束的战乱②中被烧毁了，现在已经成了白地。

公元 1661 年至公元 1721 年在位的康熙帝对文学、文化具有独特的兴趣，甚至为此专门召集学者编纂了一部百科全书③，这部书足足有 1000 册，直到康熙皇帝的继任者在位期间才最终完成。只可惜，这部百科全书现在流传下来的只有一个不是特别完美的版本。康熙帝在位期间还下令编纂了一部总共收录了大概 44000 个汉字，以他的名字命名的字典④，以及一部全面介绍中国历史、政治、哲学、文化的

① 指宋元时代一些话本小说和说唱艺术已经涉及到三国、水浒和西游的相关题材。

② 指 1900 年庚子国变。

③ 指《古今文献图书集成》，性质跟《永乐大典》《四库全书》相似，前后编纂 28 年，直到雍正年间才最终完成。

④ 即《康熙字典》。

清代的书摊

辞书[1]，总计 110 册。除了主持编纂这些规模宏大的作品，康熙帝还亲自操刀写了本名为《圣谕十六条（sixteen maxims）》的小册子，这本书今天仍然是中国学生的必读物。大清帝国的乾隆帝比康熙帝更热衷文学、文化，不过这位皇帝在位期间只有两部大型丛书问世，首先是著名的《四库全书》，这部丛书是对大清帝国现存各种书籍的归纳和整理；其次是一部全面介绍中国山河地理和风土人情的大型丛书[2]，总共有 500 多册。值得一提的是，康熙帝和乾隆帝还非常具有文学才华，他们各自写了很多诗歌。

中国的文学、文化拥有值得骄傲的历史，然而从今天的眼光来

---

① 可能指《佩文韵府》，清代官修辞书，“佩文”是康熙的书斋名，这部书主要是供文人作诗时查询各种辞藻和典故使用的；也可能指《子史精华》，这部书主要是对各类图书的摘录和分类汇编，不过这两部书都不是 110 册。

② 应指乾隆《大清一统志》。

看，如果这个国家只是顽固地坚守自己的传统，不愿意接受来自西方的新知识，她的未来就是值得忧虑的。中国人在接受外来的新生事物以前，恐怕还有一项非常艰巨的任务，那就是要变革他们的语言，以便更加适应这个时代。仅就医学领域而言，那些千奇百怪的符号、公式、名称其实已经是古老的中国话所无法胜任的。为了理解新时代的思想，他们必须拥有一种新的语言。这就好像那些希望深入了解法国文学、文化的人，必须首先精通法语一样。所幸，很多中国人已经意识到了这点儿，而且正在为此付出努力。他们希望在保留传统的基础上，理解这个全新的世界。

第六章　皇帝如何统治国家

中国皇帝统治国家的体系异常复杂和严密。这个体系的核心是将皇帝视为所有子民的“父亲”，他是这个国家唯一有权发号施令的人。通常来说，皇帝的权力是无边的，不过他的权力在实际运作过程中也要受到军事、经济，乃至官僚体制等条件的限制。按照大清帝国的法律，这个国家的一切，包括所有老百姓在内，都是皇帝的私有财产，皇帝有权决定任何人的生死，有权向任何人征税，或者干脆直接没收他的财产。帝国境内所有年龄在 16 岁到 60 岁的男性都有义务为皇帝从事各种劳役。

皇帝在理论上具有绝对的权力，不过仅凭一个人要想统治这个大的国家，其实也是不可能的，因此皇帝就需要任命一定数量的总督和巡抚，这些总督和巡抚直接受皇帝和他手下几位辅助大臣的领导。皇帝手下直接对他负责，协助处理日常事务的辅助大臣一般有 5 位，他们构成了大清帝国的军机处。军机处每天早上 4 点到 6 点间跟皇帝集中开会，讨论各项事宜。这 5 位大臣手下还有 60 名级别较低的官员[1]，他们主要负责听命处理各种具体工作。地位稍低于军机处的是朝廷的内阁，内阁大学士总共有 4 名，通常满族、汉族各 2 人。内阁大学士一般同时兼任朝廷各部门的最高长官，理论上具有很高的级别，不过内阁这个机构其实只是名义上的，真正掌握朝廷实权的是军机处和下面的部，内阁大学士实际的权力也取决于他在朝廷具体部门中担任的职务。

目前大清朝廷的办事部门总共有 8 个部，他们负责领导各省的具体事务，同时向皇帝和军机处汇报工作情况。这 8 个部包括：① 外务部 ② 商部 ③ 民政部 ④ 户部 ⑤ 陆军部 ⑥ 法部 ⑦ 工部 ⑧ 礼部[2]。各个部的正副长官分别被称为“尚书”和“侍郎”。尚书和侍郎之下还有若干名低级别官员，某些低级别官员名义上隶属某个部，不过他实际从事的工作可能又跟这个部没太大关系。除了目前的 8 个部，大清朝廷还有名为“理番院”的机构。理番院的编制设有正职 1 名、副职 2 名，全部由满族人担任。这个机构主要负责蒙古和西藏事务。如果把理番院算上，那么大清朝廷目前总共就有 9 个部。这些部不但要受到来自督察院的御史们的监督，而且每个部的内部还要设置低级别的监察官员正副职各两名[3]。

大清帝国内陆领土目前总共分为 18 个行省，分别由总督和巡抚们治理。总督、巡抚以下还有各种各样的地方官，他们负责征收税款、维持治安、司法断案、组织科举考试等各项工作。这些地方官只对总督、巡抚负责，通常不能直接跟皇帝联系。从某种意义上来说，大清帝国的行省基本就是个独立的小王国，总督、巡抚相当于土皇帝，在自己管辖的范围内拥有无边的权力，前提是他始终服从皇帝的

---

① 即军机章京。

② 八国联军侵华后，清廷在原有六部制的基础上进行了机构改革，到 1906 年最终确定为 11 个部，作者写这本书的时候应该还只有 8 个。

③ 即都给事中和给事中。

大清官员

权威。总督有权在自己管辖的境内征收各种名目的税款，同时还可以利用这些税款豢养听命于自己的海军和陆军。就总督管辖的范围来说，他所作出的司法裁决就是这个区域内的终审判决，而且他也有权对治下的老百姓作出死刑判决。相应的，总督也要对自己管辖范围内出现的各种问题承担责任，因此他必须睡觉也睁着一只眼睛，防备老百姓有可能发动的暴动，以及手下官员们的各种营私舞弊行为。作为管辖区域内的最高长官，总督有权任免手下的官员，根据工作情况提升或降低他们的级别。

总督表面上看起来风光无限，然而这真的只是一种表面现象，为了防备总督权力过度膨胀，朝廷也为这些人制定了各种条条框框。例如，总督的确有权任免手下的官员，不过他在采取相应的行动前，必须首先得到朝廷的认可。如果朝廷有充足的理由认为总督作出的决定是不恰当的，那么他们也有权拒绝总督的要求，甚至作出相应的处罚。设置这样的制度最主要的目的是为了防备总督出于私人恩怨，对

大清总督府辕门

下属公报私仇。按照惯例，总督或巡抚不能在自己故乡所在的区域担任职务。理论上说，他也不能任命自己的亲戚担任手下的官员，或者跟管辖区域内的人家结成姻亲。朝廷为此制定了严厉的惩罚措施。不过凡事都有例外，目前在位的两广总督，也就是管理广东、广西两省的最高地方官，他的故乡就在广西①。朝廷限制地方官权力的另一项重要举措就是御史制度。大清帝国的御史编制总共有 56 人，这些人几人一组，分别对应特定的省份，负责向皇帝报告自己管辖身份内地方官的失当行为。

① 应指时任两广总督岑春煊，籍贯为广西西林，1885 年以举人入仕途，参加过甲午战争，后来因支持变法受到光绪皇帝赏识，1900 年八国联军侵华，岑春煊率军进京勤王并护送慈禧和光绪逃往西安，立了大功，逐渐被提升为两广总督，跟时任直隶总督袁世凯并称“南岑北袁”。

除了军机处、内阁和 9 个部，为了管辖类似北京、西藏、蒙古、新疆这些特定区域，大清帝国还设立了专门的部门。例如，负责管理北京的最高地方长官[①]，他实际管辖的区域非常有限，可级别却相当高，甚至高于很多总督、巡抚，通常由某个部的尚书或侍郎兼任，满汉不限。这位最高长官手下，还有很多低级别的辅助官员。负责北京城治安的警察部队也掌握在这位最高长官手里[②]，这支警察部队目前的规模在 15000 到 20000 人左右，全部是由原先的八旗士兵充任的。他们分成小队，在北京城内分散驻扎，主要负责维持街面上的治安。

据说，除了这些明面上的官员和警察，清廷还有一个秘密的特别机构。这个机构由正副两位长官统帅，主要负责搜集北京城内及北京城周边 10 到 30 英里范围内的各种风吹草动，随时向皇帝直接报告[③]。北京城内还有一个比较特别的机构，这个机构正副长官的级别相当于户部侍郎，他们主要负责管理位于通州的粮食仓库[④]。这些粮食都是从南方调运过来，供北京城内的居民食用的。对任何国家来说，造币都属于大事中的大事，清廷的造币机构隶属于户部[⑤]，被称为“铸钱局”。这个机构的最高长官通常由户部两位侍郎中的 1 位兼任。

非常遗憾的是，尽管拥有如此精密、复杂的政府机构，大清朝廷的办事效率仍然可能是全世界最差的，这主要归因于官场的腐败。大清官员领到的那点儿合法薪水根本不够他们维持正常生活，更不可能

① 指九门提督，一般为正二品或从一品的高级官员。

② 1902 年，清廷仿效西方警察制度，成立工巡部，相当于现在的公安局。

③ 作者指的可能是粘杆处，也就是民间传说的血滴子，这个机构成立于雍正还没即位的时候，对外宣称的功能是用粘杆捕蝉，以免叫声打扰雍正休息。雍正即位后，利用这个机构的人员可以到处游走的优势，把它引入紫禁城，发展成了类似明代锦衣卫的特务组织，这个机构后来在嘉庆诛杀和珅的行动中受到牵连，逐渐销声匿迹了，不过关于它的传说始终没有停止。

④ 清代在通州设有仓场总督衙门，最高长官为仓场侍郎，主要负责管理当地粮仓和漕运事宜。

⑤ 清代各省其实也有独立的造币机构。

清代警察

支撑他们应酬交际、声色犬马的需要。所以每个省份以内，上至级别最高的总督，下至最低级别的衙役，几乎没有人不贪污受贿。老百姓有句俗话，三年清知府，十万雪花银。这话说得一点儿不错。理论上说，御史有责任向皇帝揭发官员的贪污行为，不过这些人通常也是睁一眼、闭一眼，甚至自己也要从中渔利。

对于罪犯，大清官员可以合法地使用各种严酷的惩罚手段，而且还要当众执行。这么做既是对当事人的惩戒，也可以对其他人起到警示和预防作用。我的一位朋友曾有机会参观北京当地的某所监狱，而且还亲眼看到了一位被判了 10 年徒刑，正在狱中服刑的老人。这位老人向我的朋友讲述了自己的悲惨经历。

这位老人原先的日子过得还算不错，有自己的田地，顺利地娶妻生子。某天夜里，他拿着枪去驱散那些溜到他地里偷吃庄稼的牲口和野兽，开了那么两三枪。第 2 天才发现，居然有个人不幸死在了他的地里。严格的说，这个人不一定就是他的枪给打死的，可老人还是很快被抓了起来，没经过什么像样儿的辩护，就被指控为杀人凶手。老人不服，于是就被反复用刑，用刑后还是不服，于是就被直接关进了监狱。他这样对我的朋友说：

> 我知道，自己肯定不能活着走出这个监狱了，他们肯定要把我一直关到死，让我慢慢活受罪，可我是无辜的，就是不能承认。关在这儿死了还能落个全尸，要是承认了，就要被拉出去砍头。

据我所知，类似这样的故事在大清帝国的监狱里每时每刻都在发生。大清帝国法律的内在逻辑是将所有人都视为罪犯，当事人则必须向审判官证明自己是无辜的，否则就只能受罚[①]。我的朋友还在这所监狱里看到不少只有 8 英尺高、8 英尺宽的笼子[②]，这些笼子里分别站了 26 个成年人，其中的 6 个正在发高烧，已经奄奄一息。他请求看守允许自己替这些垂死的人做医学检查，如果可能的话，最好把他们从笼子里放出来。看守打开笼子，揪着辫子或者身体的随便什么部位，把这 6 个人拽了出来，直接扔在了地上。毫无疑问，这些人里也有不少肯定都还没有经过审判证明有罪，给他们动用这种酷刑，只是为了迫使他们招认。

事实上，很多英国人也曾见识过大清帝国的监狱。1860 年，奉命和谈的巴夏礼爵士遭到扣押，他这样描述随后的情形：

---

① 中国古代司法传统是对犯罪嫌疑人做有罪推定，西方则习惯做无罪推定。
② 即站笼，也是中国古代的一种刑罚。

总的来说，监狱对我们的关押措施并不是特别严厉，主要的问题是饥饿，还有肩上扛着的那具大枷以及配套的绳子和锁链给身体带来的痛苦。犯人们时不时地就要被拉出去受刑，回来的时候全身血迹斑斑，站都站不住。监狱里到处都是可怕的虫子，有一种体形很小的蛆，它们聚集在地面的低洼处。这些蛆就是犯人们的噩梦。但凡进了监狱的人，很少有身上不带伤的，蛆凭借本能，专挑人身上有伤口的地方钻。有些犯人受刑以后已经没法动弹，只能眼睁睁看着这些蛆钻进自己的身体，呻吟着慢慢死去。

大清帝国为不同种类的犯罪制定了相应的刑罚。谋杀父亲、母亲或其他特定亲属的罪犯是不能被允许痛痛快快死去的，他们要被当众绑在柱子上，用刀子一点儿、一点儿割成小片儿[①]。割下来的肉片还要被行刑的刽子手扔到围观的人群里，对类似的犯罪起到威慑作用。仅在 1903 年，北京的刑场上就不止一次执行过这样的死刑。据说，某些有钱人家为了亲人少受罪，便会重金贿赂刽子手。刽子手得了钱，行刑时就悄悄给罪犯喂点儿鸦片或者干脆一刀先扎死他，以便减轻随后的痛苦。

相比这样的刑罚，普通的砍头就显得仁慈多了。执行这种刑罚要求刽子手不能拖泥带水，必须一刀就把罪犯的头给砍下来[②]。通常来说，中国的罪犯如果已经必死无疑，往往希望自己能被判处绞刑，因为中国的传统文化讲究人死后要留全尸。这种文化对西方人来说，可能是无法想象的。我听说当年有 4 位参加变法的人[③]，他们受刑时，亲友就在刑场外拿着针线等着。人头落地的第一时间，这些人就冲进

① 即凌迟。

② 其实即便砍头也有快刀和钝刀的区别，罪行越严重，刀子越钝，当年清廷杀谭嗣同等人用的就是钝刀，要连砍几下，人头才能落地。

③ 指在菜市口被处决的戊戌六君子。

刑场，用针线重新把受刑者的脑袋给他缝在身体上。负责监督死刑执行的官员和士兵并不阻止他们的行为，因为这样的做法在中国文化中是无可厚非的。

作者手绘清代刑罚图

为了惩罚犯罪，大清法律规定的刑罚可谓花样百出。本书篇幅有限，不可能一一道来。结束本章之前，这里还有必要讲讲我从某位北京土著居民那里听来的故事。这个故事证明，不管东方还是西方，人性总有很多共通之处。

有位名叫“向洛[1]”的富裕农民，他耕种自己的土地，妻子也非

① chiang lo 音，具体身份不详。

常漂亮。有天，灾难突然降临，某位满洲贵族看上了他的妻子，想把这个女人搞到手。贵族罗织了一套罪名，把向洛送进官府，官府最终的判决结果是将他发配给披甲人为奴。这个判决的意思是说，向洛必须披枷带锁，从北京步行出发，前往这个国家的北部边疆，供某位士兵随意驱使。不仅如此，向洛这一路上每走 18 英里就要遇到一座驿站，每来到一座驿站，就要挨一顿板子。通常来说，类似这样的刑罚就等于死刑，因为几乎没人能忍受着饥寒和虐待，最终活着走到目的地。向洛是个例外，因为他内心深处始终埋藏着对仇人的愤恨，希望有一天还能活着回到北京，报仇雪恨。

抵达边疆的向洛被安排在矿山中工作，一干就是 3 年。就在这时，康熙皇帝登基，天下大赦。向洛因此恢复了自由，立刻动身返回北京，他不但要杀掉仇人，还要杀掉已经背叛他，委身于仇人的妻子。然而就在向洛重新看到妻子的时候，他心中的旧情复燃，虽然这个女人拒绝跟他再续前缘。按照大清帝国的法律，向洛如果同时杀了仇人和这个女人，就不用承担任何罪责。相反，如果他饶恕这个女人，只杀了那个仇人，就要遭受谋杀的指控①。向洛犹豫再三，还是放过了那个女人，只准备杀了那个满洲贵族。

接连几天，向洛都在寻找下手的机会。终于有一天，仇人从前门门洞经过，向洛从藏身的地方跳出来，要求跟他决斗。对方胆小，不敢应战，向洛就直接拔出刀来，插到了他的心窝儿里。看着仇人倒在血泊里，向洛知道自己肯定也活不成了。他平静地把刀从仇人身上拔出来，在袖子上擦干净，找到最近的衙门投案自首，几天以后，这位农民被砍了头。

---

① 中国古代法律，本夫捉奸成双，当场杀死奸夫淫妇，地方官勘验无误，不但不能治罪，还要给本夫披红挂彩，让他像英雄一样游街。

第二部分

第一章　初识中国

我第一次遇到中国人是在来中国的船上，对方是包括主人和仆人在内的一大家子人。这个家庭的家长是刚刚从柏林卸任的大清公使，姓“吕[①]”。吕当时正带着他的一大家子人返回祖国，这些人里边儿有的能说几句德语，我们因此攀谈了起来。一番攀谈过后，我跟公使 11 岁的小女儿成了好朋友。这个小姑娘既聪明又漂亮，名叫“官娣[②]”。父母给她取这个名字的意思就是说希望在这个女儿之后，能再得个男孩，按照中国人的文化传统，女儿在家庭中的地位永远在儿子以下。官娣很幸运，因为她的父亲旅居柏林 4 年，耳濡目染了西方人的很多习气，不那么重男轻女。更何况，这个小姑娘还通过家庭教师，学到了一口流利的德语，父亲从事交际活动的时候，反倒还需要她帮忙当当翻译。有意思的是，除了类似这样的场合，我从没见吕公使跟自己的女儿说过话，也从没见他向对待年龄更小的儿子那样，哄着女儿

---

① 原文只写了个 L。作者是在《辛丑条约》签订后随丈夫由英国来到北京担任驻华公使的，按这个时间推测，L 应指同时期卸任的大清驻德国公使吕海寰。吕海寰，山东掖县人，晚清著名的外交家、洋务派，中国红十字会的创始人，累官至尚书。庚子国变后，二代醇亲王载沣作为特使前往德国柏林为克林德事件道歉，吕海寰从中斡旋，让他避免了很多屈辱。载沣心怀感激，回国后投桃报李，向慈禧太后极力推荐吕海寰。吕海寰因此得到提升，在 1902 年回国述职。参考这个时间点，以及本书作者拍摄的照片，可以认定所谓 L 指的就是吕海寰。

② gun di 音。

玩过。

不管怎么说，这个小姑娘生活得很快乐，打扮得也非常漂亮。我记得她当时下身穿了条苹果绿色的阔脚裤，上身穿了件装饰了淡紫色褶皱下摆，满是刺绣花纹的褂子。那件褂子从一侧系扣子①，长度直到膝盖。她的头型很圆，没什么棱角，所有的头发归纳在一起，梳了条大辫子，辫子的根部扎着粉色的绸带，辫梢儿上挂了个彩色的流苏穗子，那个穗子看上去挺沉。小姑娘的头上戴着中国女性常见的那种老式头带，镶嵌了各色珠宝的黑色丝质头带在头上围成一个圈儿，遮住了部分后脑勺和脖子。我从没见过像官娣那样精致的小手儿，手指又细又长，皮肤是深橄榄色的，这可能勉强算是一点儿缺陷。小姑娘的金莲紧紧包裹在一双黑色的亮缎子小鞋里，鞋面上装饰了各种好看的刺绣。官娣告诉我说，她从 3 岁就开始缠足，这才达到了如今完美的尺寸。缠足刚开始的确很疼，她为此流了不少眼泪，可后来习惯了也就好了。官娣的脚实在太小了，小到重心不稳，她的弟弟甚至抓着辫子就可以轻易把她拽倒。更加熟识了以后，我为此专门问过她的母亲，为什么要对孩子如此狠心。那位女士的回答是缠足属于中国人的习俗，就像你们西方女人穿紧身衣勒细腰一样，没什么可奇怪的。

官娣有 3 个弟弟，分别为 7 岁、5 岁和 3 岁。在父母那里，女儿的地位明显低于儿子。就我来看，这 3 个小男孩可能是世界上最淘气的孩子。他们都有各自的奶妈。可怜的奶妈们为了照顾淘气的孩子，每天都得颠着小脚儿东奔西跑。有天，奶妈终于抓住了小坏蛋，惩罚立刻降临。我看见他趴在奶妈的膝盖上，褪下裤子、撩起上衣，被一下、一下地打屁股。为了避免小坏蛋的哭闹声惊动雇主，奶妈还用手捂住了他的嘴。小坏蛋后来被打得连哭闹的力气也没有了，这才被放了下来。光着屁股的他还没忘了趁机踢奶妈的小腿一脚，作为报复。

① 中国传统女性服装采用右大襟，一般在身体右侧腋窝的部位系扣子。

除了这 4 个孩子，吕公使还有个很小的女儿带在船上。那个孩子还在摇篮里吃奶，是公使和他的妾离开德国前刚刚生下的。公使的妾平时很少走出自己的舱房，我只去拜访过她一次。据这位妾说，所有的孩子都是她亲生的，公使的正妻自己没有孩子。

作者拍摄的吕海寰及家人

吕公使正妻的年纪看起来挺大，气质很威严。她在船上曾按礼节举办过一次舞会招待大家，不过由于身体虚弱，再加上那双金莲，这位女士只能拄着拐棍走来走去。我是通过官娣结识吕公使的正妻的。当时，我指着公使正妻问官娣这个人是谁，她痛快地告诉我说："哦，那是我母亲。"

那时的我对中国人的多妻习俗还不了解，奇怪地追问，"你妈妈不是待在甲板下面的舱房里看孩子吗？"

"是的，那也是我的母亲，我有两个母亲。"

后来我才闹明白，敢情公使正妻生的孩子早就不幸夭折了，我见过的那位妾生的 5 个孩子把自己的亲生母亲和这位正妻都当成妈妈看待。除了这两个女人，船上还有个从不主动到甲板上露面的女人，她是公使的第 3 个妻子！这位女士时年 24 岁，已经嫁给公使 4 年了。很不幸，4 年当中她没能生下一男半女，因此就被丢在了角落里，忍受着被人遗忘和羞辱的痛苦。我偶尔看见过她偷偷哭泣，泪水在擦了厚厚粉底和胭脂的脸上冲出两道小沟。真可怜……

清代江南妇女

所有这些老幼妇孺的当家人当然是吕公使本人。吕公使已经上了年纪，肤色暗黄，脸上那副大大的角质眼镜给他增添了几分威严的气派。虽然担任着大清帝国的驻外使节，但公使本人其实不懂任何外语，一切只能仰仗翻译。吕公使属于那种中国传统的读书人，精通各种儒家经典，这么大年纪，每天早上还要早早地起床读书、做笔记，他的家人为此感觉非常自豪。官娣曾经把父亲的几卷手稿，还有他使用的毛笔和墨盒悄悄拿出来，供我研究。我对中国文人的器物真的一窍不通，只能凭感觉认为那支毛笔的笔头肯定是用特别珍贵的毛发（我觉得是骆驼毛）制成的，所以不用的时候，还要用专门的笔帽儿把它保护起来。墨盒是银的，上面錾了些中国字。官娣指着其中的几个字说那就是她父亲的名字。我跟官娣的这番谈话发生在公使居住舱房的外面。整个过程中，若干位名分各异的女眷先后从我们身边走过，进入舱房。由此可见，吕公使是个非常有“艳福”的男人。沾这几位女士的光，我还得以通过门缝儿偷窥了吕公使。他当时正在喝茶、抽烟，使用的烟袋无疑是用非常珍贵的木料制成的，上面还有个玉石的烟嘴。

有天，我非常鲁莽地跟公使夫人谈论起了官娣回到北京后的婚事。那次谈话是以拉家常作为开头儿的，后来我不知怎么的就提起了官娣，然后顺理成章地谈到了她的婚事。据公使夫人说，官娣 5 年后就要出嫁了。我的这位小朋友当时只有 11 岁，也就是说她在 16 岁的时候就会成为别人的妻子。我的这个问题虽然有些过分，却还在中国礼节允许的范围以内①。随后的问题更加得寸进尺，我直接询问公使夫人官娣是否知道她将成为谁的妻子。毕竟，按照中国人的习俗，这位丈夫有可能在她还是个孩子的时候就已经确定了。这个问题引起了非常大的尴尬，公使夫人半天没说话，然后结结巴巴说了通儿蹩脚的德语，大概意思是说中国女孩结婚前根本不应该知道丈夫是谁，长的什么样子。时机一到，父母就将代替她选择合适的丈夫。女孩对此只有服从和心怀感激而已。

轮船来到新加坡海域后，我的中国朋友们明显高兴了起来——他

① 西方人认为婚恋情况属于隐私，外人不能随便询问，中国传统文化在这方面更开放些，因此作者有这样的说法。

们已经到了家门口儿了，而且新加坡当地的大清公使馆好像也为他们准备了隆重的欢迎仪式。停靠新加坡港口的时间恰好是早上刚起床的时候，我的中国朋友们认真梳洗打扮了一番，吕公使则换上了大清官员的全套行头。公使的级别本来不低，此次回国又将被授予更高的官职，因此有不少下级官员在码头迎候，等着给大人请安。对我们来说，这样的欢迎仪式非常有意思。下级官员们排着队依次走进公使的舱房，下跪磕头行礼。磕头的人要一直保持五体投地的姿势，直到公使请他站起来，找座位坐下，下一位官员再走进舱房，如法炮制。请安完毕，下级官员们簇拥着公使和他的家人下船，分乘 7 辆马车，前往大清驻新加坡公使馆做客，他们将在那里过夜。我站在船上向我的中国小朋友挥动手绢告别，官娣以为这一去就见不到我了，伤心地落下了眼泪。第 2 天，她向我详细讲述了上岸做客的细节，以及他们看到的那些美丽的树和花朵。

我跟这些中国朋友真正分手是在中国上海。当时，我真的不知道大家以后是不是还能见到。上岸前，公使的女眷们全部穿上了自己最漂亮的衣服，头上还戴了花。告别的时候，我忍不住亲了亲那几个小坏蛋，他们也按西方礼节回吻了我。小坏蛋们虽然是中国人，实际却是在德国出生、长大的，回到祖国以后，他们可能再没有机会在公开场合跟女性发生如此亲密的行为了。公使私人享用的大型汽艇靠了过来，他们一家人转移到汽艇上，向港口驶去。轮船上的三副和 1 名水手奉命登上汽艇，护送公使安全上岸。

第二章　在上海

当我们从吴淞口沿着大江上溯到上海时，首先映入眼帘的是一大片密密麻麻的西式烟筒。上海的一切都笼罩在淡淡的薄雾里，看不太清楚。轮船停靠在专供西方船只和人员停留的区域，这个地方跟周围是相对隔离的。

轮船入港后，我们迫不及待地参观起了上海。这座城市拥有非常完美的 6 英尺宽街道，大街上塞满了人，行人头上悬挂着各式各样的金字匾额，整条街都显得非常繁华。当地的小庙非常有意思，里面安放着各种各样的神像。貌似地位最高的神被放在小庙正中最高的地方，站在街上就能看见，其他的神像只有走进庙里才能看清楚。我们的向导操着一口蹩脚的“广东英语”，向我们详细讲解每个神都是管什么的。我们也入乡随俗地给神们烧了些银色的纸片，祈求好运。向导后来又带着我们去了一片位于上海城中的死水塘，这个水塘具有景观作用，上面横跨着西方人非常熟悉的那种中国式的拱桥。拱桥的另一头儿连接着水塘中间的小岛，小岛上有个茶馆。有人认为，英国国内建造的某些中国式园林都是以这里为模板的。

感谢威尔金森先生（Mr Wilkinson），也就是时任上海会审公堂①特别顾问的盛情，我们得以在某天上午来到领事公堂，观摩审案。这个法庭由一名大清官员和一名西方外交官联合组成，主要负责处理上海租界内的各种法律纠纷。审案过程中，不断有犯人被揪着辫子带进来，还有一次是 5 个人被绑在一起，同时押进来的。某些犯人特别讨厌衙役揪自己的辫子，就会在头发里悄悄插上几根鱼刺，扎他们几下。我们当天遇到的最有意思的案子是某位中国大夫由于治疗不当，治死了一个中国孩子，孩子的父母因此对这个大夫连打带骂，把他告上了法庭。负责断案的大清官员看了看大夫开具的药方，声称药方中

① the mixed courts，鸦片战争后，西方各国利用通过不平等条约获得的领事裁判权，先后在上海各自的租界中设立了由本国领事主持的法庭。1864 年，为了改变这种局面，大清上海道牵头成立了洋泾浜北首理事衙门，这个衙门主要负责处理租界内的各种华人犯罪，以及上海范围内没有领事负责的西方人司法事务。具体位置设在英国驻上海领事馆院内，主要由 1 名上海道衙门的下级官员和 1 名西方外交官联合协商审案，各国驻上海领事馆还要派出若干外交官充当陪审团成员。

的某味药是有毒的，那个用量毒死 10 个人都有富裕。法庭因此判处这位大夫以后不得在租界范围内行医。后来，我听说大夫开的药方里有味药是猴子的指甲，这种东西对中医来说属于非常名贵的药材，120 块银元只能买到一点儿。那个不幸的孩子当时得的是麻疹[①]！观摩过审案，我们又参观了阴暗潮湿的牢房，以及各种各样的刑具，比如打屁股用的竹板子、当街示众用的大枷，还有皮子做的类似鞋底的东西，那是专门用来打女性罪犯耳光的。那位刚才负责审案、戴着红顶子的大清官员亲自向我们详细讲解了这些刑具的用法，还邀请我们当天下午 3 点再来参观对罪犯的行刑现场！

有天，我们正在静安寺路[②]上闲逛，偶然遇到了一群中国搬运工人，他们好像把一户人家的全部家具都扛在了肩膀上。那些家具大多漆成红色，我们叫不出名字。好奇心驱使着我们尾随这些工人来到某处庭院，那个庭院的风格属于中西混合。庭院四处悬挂着彩旗和灯笼，角落里还有一群中国乐手演奏着我们听不懂的音乐。我们走进庭院，里面有很多仆人。搬运工人们的到来似乎预示着某个重要时刻的开始，因为乐手们演奏的音量突然变大了，灯笼里的蜡烛点起来了，鞭炮也放起来了。看热闹的人群尖叫着拥成一团，工人们只能用力挤出一条路来。

我们当时正好站在庭院的大门道里，这个位置可以看到站在台阶上趾高气昂的庭院主人，也可以看见他那些躲在露台上看热闹的女眷。几乎毫无预兆的，某位看来比较有身份的仆人招呼我们进去做客。我们跟着他走进主人的住宅，受到一位身穿漂亮刺绣衣裤的中国贵妇的热烈欢迎。她的英语说得非常好，可以毫不困难地跟我们交

---

① 中医没有猴子指甲这味药，但是有猴骨人药的记载，猴骨人药可祛风除湿，治疗小儿疳积。理论上说，这个大夫开的药方还算对症。

② the bubbling well road，今上海南京西路，当时是由东向西横贯上海公共租界的主干道。

清代上海静安路

流。据这位贵妇自己介绍，她本人跟刚刚去世的李鸿章是近亲，丈夫是英国人。今天之所以这么热闹，是因为她的侄子明天要在这所房子里结婚。我们看到的那些工人就是给新郎送嫁妆来的[①]。我们坐在屋里跟贵妇谈话的过程中，各种家具还在往屋子里搬，新朋友不厌其烦地向我们介绍它们的名称和用途。家具当中有两张完全一样的四角方桌，上面还盖着漂亮的刺绣桌布，据说这就是新郎和新娘的餐桌。桌子上面摆着玻璃瓶子，瓶子里插着 3 双筷子，有双应该是珊瑚的，有双可能是象牙的，还有双肯定是银的。筷子以外，新郎和新娘的餐具也都是银的，比如银的勺子、杯子、碟子之类。

聊天的时候，我们惬意地品尝了装在精致瓷杯里的上好绿茶。用过茶以后，我们又由新朋友领着，穿过一道大门，进入金碧辉煌的住宅内部参观，后来又由她领着经过一道走廊，来到了住宅的二层。走

① 中国传统习俗，女方应在结婚前一天把陪嫁送到男方家。

廊里靠墙堆放着大量刚刚运来的家具和器物，几位看似很有身份的人正在指手画脚地讨论某样东西应该放在某处，同时还要根据一张单子核对它们的数目。这些人工作得非常投入，根本没注意到我们的存在。我们得以从容仔细地欣赏他们身上的华丽官服，跟着我们的新朋友打开一个又一个红漆木盒，观看里面珍贵的珠宝和丝织品。

据这位新朋友介绍，新郎的父母非常有钱，眼前的这些连九牛一毛都算不上。她非常热情地邀请我们后天再来，虽然我们不能出席次日正式的婚礼，不过婚礼结束后却可以跟新娘见见，再欣赏其他器物。当天告辞前，新朋友带着我们又参观了几间屋子，还把我们介绍给了新郎的亲戚。我们首先来到新人的卧房。这件屋子是西式风格的，有两扇窗户，还要个小壁炉。屋子的正中摆放着一张传统的中国大床，这张床上面有顶，四周三面有栏杆。这张床暂时还是光秃秃的，没有卧具，那些东西还在外边的走廊里没有开箱。新房最主要的装饰就是墙上挂着的几个中国画卷轴。紧挨着卧房的那件房子明显是作为起居室使用的。屋子里靠墙放着两排木质高背扶手椅，椅子跟椅子中间摆了张乌木的小茶几。新人房间最隐秘的部位，我们看到了吸鸦片用的烟榻，烟榻正中放着小桌子，桌子上放着吸鸦片用的各种东西。

这所住宅里的多数房间并没有给我留下太深的印象，我也不想多说，因为它们留给我的印象大多都不太好。有件屋子里，我看见很多仆人正在伺候一位衣着华丽的女士躺在铺着蓝色垫子的烟榻上休息。看见我们，她赶紧从烟榻上站起来，招呼大家来到屋子中间的方桌周围坐下。这位女士属于那种典型的中国美女，我想，她应该是南方人。永远挂着温和微笑的脸上，挺拔的鼻梁和漆黑的双眸为她增添了不少神采。这位女士的脸蛋儿红彤彤的，明显涂了胭脂，眉毛也描得很重。她头上戴的头带装饰了贵重的皮毛、珍珠和其他珠宝，扣子扣到下巴的丝绸长袍同样镶嵌了各种宝石。

新朋友告诉我们说，这位美女是她的近亲，她的丈夫目前在香港经商，非常有钱。这位美女热情地招呼仆人给我们端来了“茶点”，比如鸡蛋大小的猪肉丸子，还有各种甜口味的肉食。我实在不习惯就着茶水吃肉，可又不愿意直截了当扫了主人的兴，只好假装不会用筷子，夹不起来那些圆圆的丸子。没想到热情的女主人居然走到我身边，熟练地用象牙筷子夹起丸子，送进了我的嘴里。通过这位美女的手，我第一次吃到了最纯正的中国菜。

两天以后，我们按照约定见到了那对新婚夫妇。新朋友显然没有忘记自己的诺言，早早就安排仆人在门口迎候我们。这位仆人带着我们上了楼，然后任由我们自己走进两天前参观过的新房。新郎站在门口欢迎我们，他给大家留下了深刻的印象。新郎非常矮，可是非常胖，那身厚到夸张的冬装让他看起来愈发肚大腰圆。他的一只眼睛长了白内障，脖子后头还有道又深又长的伤疤，那意思好像是有人想砍他的头又没砍下来似的。更糟糕的是，新郎还有条腿是瘸的，走起来一拐一拐。看着新郎，我实在有点儿同情那位还没见面的新娘，虽然她嫁入的这个人家拥有如此令人艳羡的财富。

出乎我们意料，新郎居然能说英语，而且挺流利，举止也非常得体，这让他在大家眼里的形象提升了不少。新郎身穿大清官员标志性的官服，官服是丝绸质地的，上面绣满了各种图案，比如金龙之类的。他头上的官帽不但有红顶子，后面玉质的翎管儿里还插了孔雀的羽毛①。新郎的肩上披了红色的饰带，一直垂到他胸部的位置。据我们看，这可能是新婚期间必须的装饰，因为新郎身边的仆人也都挂了这样的饰带。对于这套穿戴，新郎明显非常得意。

---

① 即象征军功的花翎，清代的花翎只颁发给立有军功的官员，并不是像今天清宫戏演的那样，人手一个。

寒暄过后，他招呼大家围着桌子坐下。几位同样肩头挂着红色饰带的女性仆人走过来，替他摘掉沉重的帽子，脱下厚厚的外衣。“茶点”很快又端了上来，还是各种装在瓷碟子里叫不出名字的甜肉搭配绿茶。大家喝着茶，吃着味道古怪的肉，听新郎讲述他的身世和婚姻。一番讲述过后，新郎许诺我们将很快见到新娘，而且兴奋地回忆起了昨天他乘坐绿呢大轿，前去迎亲的情形。特意强调说，他当时为新娘预备的轿子是全天鹅绒的，上面绣满了金线。

就在这时，新娘的仆人走了进来，趴在新郎耳边悄悄说了几句，新郎立刻站起来邀请我们去见新娘。他带着我们走进前天参观过的那间卧室，穿过连续几道丝绸质地的帘幕，绕过那张大床，这才在阴暗的角落里看见了坐在凳子上的新娘。新娘的身边站着位同样挂了红饰带的仆人，她的主要工作是搀扶新娘。由于小得吓人的金莲，新娘的站立和行走都非常困难。

我们看见新娘的时候，她已经在椅子上稳稳当当坐好了。身上穿了件长到脚面的丝绸长袍，上面满是刺绣和各种宝石。那件衣服的袖子非常肥大，我们因此看不见她放在膝盖上的手。新娘头上戴了个鸡冠子似的帽子，上面满是小绒球之类的装饰，帽子左右两侧各有条红色丝质流苏，一直垂到她的腰部。帽子的正面是由众多珍珠串组成的面罩，珍珠串同样长及腰部，几乎遮住了她的全部面庞。虽然显得非常失礼，我还是忍不住伸手稍稍撩动面罩，看了看她的脸。新娘非常年轻，长相甜美。她的眼影画得非常重，脸上用的粉底和胭脂也很重，多少弥补了略显苍白的肤色。新娘就那么坐在床和墙形成的角落里，双手放在膝盖上，长袍遮住了整个身体，看起来就跟庙里的神像差不多。

看到我们盯着新娘目不转睛，新郎显得挺得意。我转过脸问他新娘叫什么名字，新郎只是简单地告诉我她叫“王氏”。

“可她没有个好听的名字吗？就像中国女孩常见的名字那样，比如‘荷花’、‘珍珠’之类的，供你们这些亲人在家里称呼她？”

新郎涨红了脸回答说：“我还没来得及问她……”

这就是中国风俗，很多东西都是跟西方正好相反的。丈夫只能在结婚之后才知道妻子究竟长个什么样子，姓甚名谁。男人见面打招呼的方式不是握别人的手，而是握自己的手[①]。读书的时候要从右往左读，作者署名在整本书的最后一页。女人可以抽烟、穿裤子[②]，男人却可以穿着裙子[③]，手里拿着扇子。官员们帽子上装饰的羽毛是下垂的，不像我们那样指向天空。罗盘叫“指南针”，而不是“指北针”。

好了，还是再说说那位新娘吧。她应该是位非常沉默寡言的人，见面过程中始终一言不发。据新郎说，中国的习俗要求新娘结婚后3天不能说话，而且这3天当中亲友还可以随便闹洞房，新娘则不能表现出任何反感。对我来说，这样的婚礼实在不值得羡慕。聊天过程中，陪同我们拜访新人的新朋友，也就是就是前天结识的那位中国贵妇，我按她丈夫的姓氏称呼她为坎宁夫人[④]，趁机向新娘献上了见面礼。那是个小金盒子，盒子里有个小镜子。新娘显得非常高兴，她把脚向下伸了伸，头部微微前倾，表示感谢。

新郎告诉我们说，他们的结婚庆典将持续整整3天，新娘每天都要换身衣服，绝对不能重复，而且后一身衣服肯定要比前一身更华丽。新郎的那身礼服则可以保留下来，如果他将来续弦或者纳妾，还能再穿！结婚第一天，新郎要把新娘从娘家迎娶过来，两人磕头拜天地，正式结为夫妇。这之后，新娘还要以妻子兼儿媳的身份给丈夫和公婆行礼。第二天，新郎要把新娘引荐给他这边的亲朋好友，新娘全

---

① 指中国传统的拱手礼。

② 直到20世纪初西方人仍然认为女性穿裤子是非常不得体的行为。

③ 指长袍。

④ Mrs Canning，具体身份不详。

程不用说话，只要坐在那里就行。第三天，新婚夫妇要回到新娘的父母家，新郎按照类似的礼节拜见岳父、岳母和其他亲友。这就是中国婚礼大致的流程。

滞留上海期间，我们还在夜间拜访了公共租界里的中国居民区。那天夜里，我们由巡警和侦探陪同，沿着福州路①游览。这条街同样灯火辉煌，到处挂着形态各异的中国灯笼，里面点着蜡烛，不同买卖铺户的金字牌匾一块紧挨着一块。比灯笼和牌匾更高的地方，很多茶馆在房顶上开辟了露台，供茶客们坐在上面，欣赏繁华的夜景。这条街道基本等同于步行街，几乎看不见什么车马。我们只看到一位很有气派的年轻姑娘乘坐双人抬的肩舆，后面跟着成群的男女仆人。后来听说，那人是个唱戏的名角儿，当时正要去位于这条街的某个戏园子表演。这姑娘还带了个小姑娘，看年龄有可能是她的妹妹。小姑娘的打扮相对朴素，没那么大气派。她当时正穿着丝绸质地的衣衫，骑在男仆的肩膀上，我们因此得以看到了那双平时被宽大裤脚遮盖起来的金莲。

整条街看起来都挺热闹，到处都是欢闹的人群。我们参观的第一站是家鸦片烟馆。大家顺着破旧的楼梯，爬进一家同样破旧的房子里，这栋房子里充满了鸦片的味道。鸦片烟馆里面分成了很多独立的小隔间，每两个人共用一个隔间。他们头靠着靠垫躺在烟榻上，中间隔着张小桌子，桌子上放着各种抽鸦片用的东西，比如烟灯、鸦片，烟签子。抽鸦片时，先要用烟签子挑出些鸦片在烟灯上烤，直到把鸦片烤成一团儿的样子，然后再装到烟枪上。烟枪大概有 2 英尺长，一头儿是放鸦片用的，一头儿是玉质的烟嘴，跟普通的烟斗大同小异。除了这些，烟馆还提供免费的茶水，这也是抽大烟时必须的。这间屋

① the foochow road，今上海黄浦区，现在还叫福州路，这条街自上海开埠后逐渐演化为著名的商业和文化街，类似北京前门大栅栏。

清代上海福州路

子的气氛让我们感觉不舒服。它的地板非常破旧，走起来吱吱呀呀的，不过抽大烟的人似乎并不在意我们的打扰，也不在意我们看看他们抽大烟用的各种器具，闻闻装在罐子里的鸦片。有些特别好客的人甚至还邀请我们喝茶，或者抽上一口。

烟馆里除了盏小汽灯和烟客们的烟灯，再没有别的照明措施。据陪同的人告诉我们说，这样的烟馆已经算是档次非常高的，烟客来这儿付出的价钱也要比别的烟馆高。来这儿消遣的人只是刚开个头儿，等烟劲儿上来，他们还会去某些更下流的地方“消遣”。我们就不方便跟着去看了。这个烟馆里的人多少还算处于清醒状态，因此比较安全。

我们参观的第二个场所是一处表演音乐、歌剧的地方。进入幽暗的院子以后，我们首先看到刚才抬着那位气派姑娘的肩舆就放在角落里，类似这样的肩舆还不止一个。大家顺着楼梯上楼，室内的声音让人感觉头晕目眩，半天才缓过劲来。我们被带到一张桌子旁边坐下，

清代上海南京路

侍者立刻献上了绿茶。我的注意力很快被舞台附近11位衣着华丽的年轻女士给吸引住了。这些姑娘都是女演员，她们围桌而坐，桌子上摆了11杯茶，由于脸上涂着厚厚的油彩，看不出具体年龄，只能说大概在11岁到20岁之间。姑娘们穿的衣服款式都差不多，丝绸质地，只是颜色和刺绣有所差别。她们的裤子非常肥大，色彩属于暖色系，比较淡雅，裤脚装饰着花边。配套的褂子两侧开衩儿，长度直到膝盖。头上戴的头带是黑色丝绸的，宽度差不多可以盖住耳朵，上面镶嵌了很多珍珠。除了头带，她们头上还插了不少簪环首饰和假花。这些姑娘的脚都被肥大的裤子给遮住了，看不出大小。她们每个人都拥有自己专属的男仆，这些男人的主要工作是利用演唱的间隙给姑娘们的茶碗添开水，或者递上已经点燃的烟斗。舞台靠后的位置坐着3位演奏者组成的乐队，其中一个拿着类似长笛的乐器①，一个拿着跟

① 应指箫。

小提琴差不多的东西[1]，还有一个正在用两根小棍敲着圆形的金属器物[2]。我们听不懂他们演奏的是个什么调子。

某位姑娘被选出来登台演唱了，她的男仆递过来类似吉他的东西[3]。这件乐器其实根本没有琴弦，姑娘演唱的时候只是装着在弹奏而已。我觉得，这件道具的主要作用可能是帮她在演唱时把半边脸给遮住。姑娘开了口，乐队的演奏立刻开始。他们的演奏声实在太大，以至于我们听不清姑娘嘴里唱的是个什么，屋子里的其他观众对此好像并不介意，反倒听得津津有味。台上的姑娘演出完成，男仆赶紧把她手里的吉他接过来，再递给另一位姑娘。循环往复，我们始终就没听明白她们唱了什么，整场演出就这么结束了。

总的来说，这些姑娘跟日本的艺伎差不多。她们的收入非常可观，有时随便唱个曲子就能得 1 块银元。这个地方的表演结束后，她们还要坐着肩舆再去其他地方表演，一晚上差不多转遍整条大街，挣回大把的银元。据说，这些女孩很小的时候都是被现在的老板直接拐带或者花钱买来的，老板会为她们提供优越的生活条件。等到这些姑娘长大后，她们就可以拥有自己的男仆、肩舆和漂亮衣服，每天在静安寺四处卖艺。卖艺得来的钱全部归老板所有，以此作为向这些女孩提供优越生活条件的回报。很多人认为，这样的交易是公平的！

告别了这些姑娘，我们去了另一家类似剧场的地方，获得的体验又是全新的。这个地方的房子完全是西式的，最有意思的地方在于男女在这里被完全分开。男人全部在一层活动，女士们则占据二层的露台和包厢。房子的入口处放着桌椅，坐着位男士。进去的人首先要经过他来验票。所谓“票”就是一张写着进门者姓名和地址的小纸条，

① 应指胡琴。
② 应指小锣。
③ 应指琵琶。

清代歌妓

这里的侍者第 2 天会根据上面的内容去他家收取相应的费用。看得出来，来这里玩儿的人都非常开心，就连二层的女士们也兴高采烈。侍者拿着滚烫的湿毛巾，像飞镖一样扔出去，供大家擦脸[①]。美中不足的地方是，由于人太多，不通风，屋子里的空气不是很好。

大家照旧围着桌子坐下，得体地拒绝了侍者提供的茶水、香烟和热毛巾。为了避免被人踩到裙摆，我还特意把裙子往上提了提。我们当然也坐在二楼，视线比较高，屋子里挂的灯笼之类的东西全被踩在脚下。眼前的情景是一块挂在立柱上的大幕，身穿各色服饰的男孩们正在大幕下的舞台上表演。乐队坐在舞台一侧，手里拿着乐器，吹拉弹唱。舞台另一侧有个小门儿，通向后台休息室，我们随后也参观了

① 过去戏园子的行话叫“飞手巾把儿”。

那里。舞台上的节目是使用北京方言表演的[1]，我们听不懂，可其他观众都觉得很有意思。我想，对于那些上海本地人来说，眼前的节目同样也是不那么容易理解的吧？不管怎么说，这个节目还是顺利完成了。

歌妓演奏

接下来的节目表现的内容是一个戴着火红色假发的人命令手下给一位孱弱的老人动刑，那个老人当然也是假扮的，就是演员在下巴上面挂了个长及胸口的假白胡子。假扮的老人被按在那里动刑时，台下的观众纷纷叫好儿，我们却没看出个所以然。后来，台上的人又开始拿大竹棍子抽那个假扮的老人，台下的叫好儿声随即达到了高潮。那天晚上舞台上表演的几个故事好像都是互相独立的，我们留下的印象

① 应指京剧。

只有华丽的服装，鲜艳的舞台布景。表演中的有个桥段类似杂技加舞蹈。众多演员拿着装饰了花鸟图画，里面还点了蜡烛的纸灯笼列队踏着舞步从舞台后面向前走，走到舞台前面再分成两队，向左、向右转身朝后走。回到舞台后部，演员们再次列队，伸着胳膊，高低不同地把灯笼举起来，组成类似神像似的图案。

那些演员服装的色彩和图案都很漂亮，我们当即要求去后台参观，近距离欣赏。这是一段无法用语言形容的经历。演员们的服装道具远远看起来确实非常好看，可到了近处仔细一看，其实也不过如此。后台所有演员都是男士，就连女性角色也是由年轻、英俊的小伙子扮演的。按照中国习俗，专业演员跟理发师一样，全部只能由男性担任，这些男性终生不得参加科举考试①。我们离开这家剧场时，还有很多人正在往里面挤，挤得我们几乎出不了门儿。从剧场中的演奏声和观众们的嬉笑声判断，当晚的演出应该还要持续很久。

离开剧场后，我们又去了家中国餐馆。照旧由向导领着，我们穿过幽暗的庭院，走上台阶，经过厨房和洗碗间，小心翼翼地走过摆放着大量酒坛子的狭窄走廊。酒坛子里装的酒被中国人称为“烧酒(samshu)”。普通的白酒只经过 1 次蒸馏，烧酒则被反复蒸馏过 3 次，稍微喝上一点儿，就能让人头晕眼花。

餐馆的店堂分为若干小隔间，小隔间里没太多家具和装饰，隔间门口挂着照明用的灯笼。大伙进了隔间后还是围着一张方桌坐下。桌子上已经预先摆放了些瓷碟子、盘子之类的东西。据向导说，我们来的这家餐馆是当地最上等的，在这个地方吃顿饭，每人大概需要花费 20 块银元，差不多 2 英镑左右的样子。贾尔斯博士在他的《中国速写(chinese sketches)》中向读者介绍过一份典型的中国宴席菜单，这里

---

① 中国古代规定专业戏子本人终生不得参加科举考试，他的后代如果改行，至少也要 3 代以后才能参加考试，但非专业性的票友不在此列。

引述过来作为参考：

正菜

蟹汁鲨鱼翅
蘑菇烩鸽子蛋
野鸭烩白菜
炸鱼
米粉蒸猪肉
清炖百合
火腿鸡肉丸
淡菜羹
爆炒山鸡片
蘑菇浓汤

小吃

油炸点心，咸、甜各1盘
甜味鸭子
油炸鸡架子
酱汁腌鱼
猪油中炸到半熟的羊肉丸子

所有美味分别装在大概一指深的盘子里，这样的盘子总共有40到50个，把整张桌子挤得密不透风。客人们从同一个盘子里夹菜[①]，

① 指中国传统宴席实行共餐制，西方人则习惯分餐制。

先用筷子或勺子把食物转移到自己面前的小碟子里，然后再慢慢享用。宴席上没有类似西方那么严格的程序，每个人都可以随意选择自己喜欢的菜肴。大家吃菜，偶尔互相敬酒或者共同举杯，还要碰杯，这点跟西方倒是没有太大差别，只不过中国人使用的酒杯比较小。宴席中也可以喝茶，中国人不习惯喝冷水，喝茶只能喝热的。至于牛奶，他们似乎压根儿不感兴趣。大盆米饭上桌意味着宴席临近终点。中国人吃饭习惯用左手端着饭碗，同时右手拿着筷子迅速把米饭扒拉进嘴里。宴会过程中，中国人还喜欢划拳行令，失败者要喝酒作为惩罚。据我所知，古罗马人也有相似的习俗。

离开餐馆，返回住处途中，我们走过一家关着门的店铺。里面的声音非常大，引起了人的好奇心，大家不顾向导的劝阻，推门走了进去。这家店面非常狭窄，里面的伙计好像没什么事可干，所以就开始唱歌取乐。看到我们，他们先是停止了娱乐，脸上挂着非常扫兴的神色，看明白情况后，马上又投入了进去。我们发现，刚才在门外听到的声音是由 4 位乐师演奏出来的。他们 4 个人围坐在中间，其中一名乐师用小棍敲击金属乐器，另一个人拿的是金属打击乐器，还有一个人用的是类似骨头的东西。他们表演的节目我们看不懂，不过屋里的人明显非常快乐，快乐得我们都有点儿羡慕了。出于不想再次打扰他们的好意，我们没有道别，只是悄悄地退了出去。

有天，我在另一条街上闲逛，迎面碰见个贵妇打扮的人。这个人看上去有点儿眼熟，我猛一下叫不出名字，却还是本能地伸手拦住了她。拦住对方以后，我才突然想起这个人就是我那天在金沙路[①]那户正要举办婚礼的人家认识的新朋友，坎宁夫人。只不过我们上回见到她时，坎宁夫人穿的是传统的中国贵妇人服装，现在的她则是全套西方妇女居丧的打扮。这究竟是什么意思？可怜的坎宁夫人很快解除了

① the zinsa road，今上海嘉定区，原地名还在。

传统乐队

我心中的疑惑。原来就在那场婚礼结束后 3 天，那位令她无比自豪的英国丈夫就得了白喉，拖了不到 1 个礼拜就去世了。

“这真是个坏消息，我感觉非常遗憾。”

坎宁夫人没注意到我在说什么，只是继续用她那略带中国口音的英语倾泻着胸中的积郁。据她说，丈夫去世后，她的心情非常不好，所以希望到英国去生活一段时间，改变改变生活。我后来再没遇见过这位朋友，也不知道她现在怎么样了。

提起坎宁夫人的不幸，就让我想到了中国的传统葬礼。毫无恶意地说，对于那些局外人，观看中国传统葬礼是件非常有趣的事儿。我就曾亲眼看到过最传统的中国葬礼。当时，我正在街上闲逛，突然发现很多人聚集在一家大开着门窗的店铺前面。我凑过去，透过人缝儿往里面窥视。眼前的景象西方人实在无法理解，只能说非常的中国。

当时，店铺里已经为死者安放了类似祭坛的东西。葬礼正在进行中，很多人围着一尊佛像烧香和各种纸做的东西。祭坛前面，一位年轻的和尚正在给死者念经。他手里的经书封面和封底是两块木板，中间夹着纸质的书页。这本经书足有两英尺长，宽却只有两英寸。屋子正中，有个年轻人跪在那儿，不停地朝着祭坛磕头。店铺后面有张桌子上放着 3 排用糊灯笼的那种纸做的马，纸马全部涂了装饰的颜色，大概两英尺高，至少有 12 个。这些纸马的脖子和尾巴上设有机关，有风吹进来的时候，能像真马那样摆动。死者最终下葬的时候，这些纸马将被同时焚化。中国人相信，焚化纸马时冒出的青烟可以把死者的灵魂带上天堂。

送葬队伍出发了。走在最前面的是一些仆人，有个打红色伞盖的人跟在他们后面。打红伞的人后面有很多人抬着某种乐器，有节奏地用槌子在上面敲打。这些人后面就是死者的棺材。棺材下面绑了两根长竹棍，总共有 4 个人抬着，两人在前、两人在后。棺材上覆盖着天鹅绒绣金线的罩子，棺材顶上还放了个仙鹤，也是纸糊的，装饰了各种色彩和花纹。这只纸糊的仙鹤应该也设置了机关，伴随着 4 个抬棺人的节奏，它可以不停地点头，看起来非常怪异。跟在棺材后头的是一群明显具有很高社会地位的人。走在这群人最前面的那个人在日常的衣服外面套了件纯白的大褂儿，辫子上也系了白色的布条。其他那些人头上全罩了白布，不停地哭号。

第三章　沿长江上溯

3 月 29 日[①]

---

① 参考本书内容，应指 1902 年 3 月 29 日。

这天晚饭后，我们乘坐太古轮船公司[①]的轮船，准备从上海沿着长江上溯。轮船直到第 2 天凌晨 2 点才正式开船，那天正好是复活节。

3 月 30 日

我们整天都在沿着长江航行。江水是难看的土黄色，江面非常宽，几乎看不见两边的江岸。我们的船舱非常舒适，就是空气略显干燥。猛烈的江风通过舱门和舷窗吹进来，简直可以把人劈成两半儿。

3 月 31 日

我们在早上 8 点 30 分抵达南京，见到了正在码头迎候的英国驻南京领事圣迪尔先生（Mr Sundio）。圣迪尔先生引领我们下了船，还热心地带着我们把码头附近该看的地方都看了看。我们乘车沿着两侧种满柳树的大路从码头前往领事馆。刚刚下过雨，柳树的叶子被洗得非常干净，在我们头上织成了一片绿荫。这条路大概有几英里长，是由张之洞[②]总督下令修建的。途中，我们停车爬上小山，参观了一处名为“北极阁[③]”的庙宇。利用爬山的机会，我们欣赏了附近的景色，还眺望了远处南京的城墙。北极阁保留着全中国最漂亮的瓷塔，这座塔在当年太平天国起义时曾遭到战火破坏。遭受战火蹂躏前的南京也远比现在繁华。现在的南京城更像个掩映在绿色植被里的村子，漫天尘烟中可以看到城内点缀着几个湖泊和鱼塘，附近的大江好像一条白练流向远方的地平线。

经过那场战争以后，南京的城墙已经千疮百孔，基本丧失了防御

---

① ngankin of butterfield & swire’s company，1861 年成立，总部在伦敦，中国分部设在营口，当时几乎垄断了中国的内河和沿海航运。

② 晚清名臣，清代洋务派代表人物，生于贵州兴义府，祖籍直隶南皮，27 岁中进士第 3 名探花，官至体仁阁大学士。

③ peichiko，北极阁位于南京市鼓楼区鼓楼东面，明洪武年间设观象台，是中国近代气象科学的发源地。

功能。午饭前，我们参观了城内的孔庙[①]，还有举行科举考试的场所[②]。这个考场看起来非常有意思。它的院子里有很多排列整齐，石头建成的小房子。每次参加科举考试的10000名考生要独自待在各自的小房子里，用9天时间完成自己的答卷。我的到来引起了当地老百姓的围观，聚集了足足上百人，负责看守考场的官员百般恐吓，也无法将他们驱散。官员们后来只得在我们进入某处后，趁机将我们身后的门关上，这才隔开了看热闹的人群。

晚清时期的南京江南贡院

用过午饭，我们又去参观了明陵[③]。这座陵墓距离码头大概8英里，距离英国领事馆大概4英里，正好就在南京城墙外面。为了抵达那里，我们必须穿过整个南京城，不过一旦出了城，眼前的景色就立刻变得开阔、明丽起来。陵墓的主人是大明王朝的建立者，死于公元

① 即南京夫子庙。
② 即贡院。
③ 即朱元璋的南京明孝陵。

晚清时期，南京明孝陵神道

1399 年。陵墓的主体是个小山一样的大坟头儿，陵园入口的牌楼已经残破不堪。从牌楼到坟头儿的道路两侧摆放着各种神像，其中有 4 对神像看起来像人，其他都是怪物的模样。这些神像成对面对面摆放在道路两侧，每对神像间大概间隔 1000 码。那些怪物神像据说是以狮子、老虎、骆驼、大象、犀牛和马等动物为原型想象出来的，全部由整块的石头雕刻而成，不过有的神像的腿明显看得出来是单独做好后再装上去的。

南京附近没有任何采石场，这就让人非常疑惑，当年那些修建陵墓的人到底是从什么地方把这些石头运过来的？靠近坟头儿的地方，我们看到了一尊巨大的石碑，石碑的底座是个同样材质的大海龟[①]。石碑碑文的主要内容主要是介绍死者的名姓，他的生平和种种美德。据说，大明帝国的建立者原先是个放羊的，完全凭借自己的努力登上

① 正确的说法是赑屃，龙生九子中的一种，中国古代传说认为赑屃擅长负重，因此用它的雕像充当石碑底座。

皇位，死后就被埋在了这里。他的继任者后来把首都从南京搬到了北京，可是陵墓不能随便搬迁，所以就留在了这里。

4月1日

我们在九江停留了1个小时，仓促拜访了当地的英国领事馆。当地已经显露出了春天的迹象，树上都是嫩绿的叶子，山上开满了花朵。据说去年江水足足上涨到40英尺高，洪水淹没了整座城市。今年春天刚到，江水又不祥地上涨了起来。

4月2日

早上7点30分，我们抵达汉口，受到了英国驻当地总领事弗雷泽先生（Mr Fraser）和他夫人的欢迎。这对夫妇热情地招呼我们去他们临江的住宅做客，我们在那里度过了愉快的3天。汉口租界里的建筑式样比较统一，都是灰砖带露台的小楼。我们参观了租界内的赛马场。这处场地明显是刚修建完成的，连场地周围的树都是新种的。尽管如此，场地中间画的各种线条仍然非常严整，供观众使用的看台也非常漂亮。有些马匹已经开始在这块场地里训练，它们明显都是从欧洲运过来的，看着就比中国本地的马高了不少。

4月3日

我们给宜昌打电报，通知当地的英国领事馆，询问他们是否已经做好接待我们的准备。

4月4日

我的丈夫和弗雷泽先生一起去拜访了张之洞总督。这次会见被安排在上午10点，所以他们早上9点就坐船去了江对岸的总督衙门①等候。他们乘坐渡轮过江，在码头换上等候已久的轿子，穿过城区，前往总督府邸。

总督本人在府邸二门迎候。他的年纪已经非常大，留着下垂到锁

① 指武昌的湖广总督衙门。

张之洞总督府卫队

骨以下的白胡子，眼神明亮、敏锐而富有洞察力，牙齿非常干净、整齐。总督不会说英语，不过他的助手英文非常流利。会谈过程中，这个人和弗雷泽先生轮流充当了翻译。会谈是围坐在圆桌边举行的，桌子上摆放了水果、糕点和糖果。大家落座后，每个人还得到了一杯类似甜酒的东西。总督举杯祝客人们身体健康，客人们则表示感谢。举行会谈的场所属于典型的中式房间，没有太多家具。除了这张圆桌，就是靠墙角设置的炕。炕上铺着垫子、毯子，正中间还放了个非常矮的小桌子，那主要是为了吸烟时使用的。会谈持续了大概两个小时。客人们认为总督非常睿智，对各地的情况也非常了解。会谈临近尾声，仆人送上茶水，客人们按照中国礼节告辞[①]，沿着原路退出总督

① 按中国传统端茶送客的礼节，主人请客人喝茶就是打算送客的含蓄表示，客人一般应主动告辞。

西方媒体关于张之洞的介绍

府邸。

当天下午，我们参观了由苏格兰人希勒先生（Mr Shearer）开设在当地，生产俄式茶砖和茶饼的工厂，饶有兴致地看着工人们用压力机把松散的茶叶压成固体形状。通常来说，用于制作茶砖的茶叶质量都是相对比较差的，不过这种茶砖在西伯利亚和蒙古草原都拥有非常广阔的市场。制作茶砖的首道工序是把茶叶研磨成粉，研磨好的茶叶粉要经过烘干，烘干后再通过筛子去掉各种杂质，最后就可以用于压制茶砖了。茶砖都有标准的重量，所以茶粉在压制前要提前分成若干等量的小份儿。分成小份儿的茶叶被送进蒸汽室，重新获得少量水分。重新获得水分的茶叶被依次装入大概 6 到 10 英寸高的木头盒子里，然后送进水压机压制。压制好的茶砖要放置 3 小时，冷却、干燥，以便定型，然后送到专门的机器里去掉充当模子的木头盒子，再由专人负责检查茶砖的形状和重量是否符合要求。没有问题的茶砖被送到楼上的包装车间，工人们首先在茶砖外面包一层锡纸，然后再包一层棕色的糙纸。包装好的茶砖几块为一组，放进竹筐，再把筐用麻绳或者铁丝捆好，就可以向外发货、运输了。如果茶砖的质量没能通过最后的检查，它们会被重新研磨成茶粉，二次压制。制作茶饼使用的原料比茶砖要高级很多。它的制作流程跟茶砖大同小异，只不过整个过程中工人的手都不能直接触碰茶叶。压制出来的茶饼直径大概3英寸左右，市价在40到60两白银每担[1]。我们参观的那家工厂规模非常大，拥有很多厂房，同时雇佣了600名左右中国工人。因为不断使用蒸汽的原故，厂房里烟雾弥漫，温度非常高，工人们都在脑袋上缠了白色的头巾。

4月5日

我们登上"桂礼[2]"号轮船，继续旅行。这条船将在次日早上启航。

4月6日

隶属大清轮船招商局[3]的"桂礼"号非常舒适，船长沃德（Wade）先生、大副伦纳德（Lennard）先生等人招待我们也非常周到。

今天江上弥漫着雾气，只能看见近处的小船和筏子，还有几个光着屁股的中国孩子在江边放牧水牛。江边的田野没什么树木，可看起来绿油油的，应该是种了小麦、油菜之类的东西。由于当地江段有很多暗礁和湍流，轮船一直等到早上8点，天亮了以后才启航。

4月7日

我看到江岸的旗杆上挂了个笼子，笼子里装着颗人头，可能是被

① 1担相当于50公斤。

② kweilee音。

③ the china merchant service，1872年由北洋大臣李鸿章提议，1873年1月在上海正式成立，属于洋务运动中代表性的军民融合性企业。

处决的罪犯。

4 月 8 日

我们下午 1 点抵达了宜昌。天气还是雾蒙蒙的，好在我们进城的时候雾气小了很多。跟我们同时下船的中国商人们大多在当地经营食盐或鸦片生意，其中的不少人还花钱捐了官做。轮船入港后，不少由士兵护卫的小船就赶了过来。船上的人大声呼叫，还有人吹起了喇叭，他们就是来迎接这些有钱有势的商人的。那些商人的行李首先被转移到小船上，他们自己随后也上了小船。我则有幸瞻仰到了他们的全套仪仗。这些大人物下船后，云雾消散，太阳出来了。

作者拍摄的宜昌龙王庙

英国驻当地领事威利斯（Willis）先生不但热情地上船迎接我们，还早早地替我们雇好了随后旅行使用的小船[①]。轮船上的水手帮我们

① 宜昌是湖北和四川的分界线，当时大型轮船还不适于在长江三峡江段航行，因此需要在宜昌换乘小船。

把行李转移到小船上。我们的小船大概有 50 英尺长，40 英尺宽。船舱集中在中部，包括卧室、客厅和一间小厨房，整条船漆成白色，里面的布置让人感觉非常舒适。负责驾驶这条小船的船员总计有 20 人，我们还额外雇佣了 1 个厨子、1 个男仆和 1 名搬运工。当地的衙门还派了艘总共装了 5 个人的小救生艇护送我们，随时提供各种帮助。长江三峡里类似这样的小救生艇随处可见，他们每处理一次险情，获得帮助的船只要根据船上的人数，按每人 8 块银元的标准支付酬金。

第四章　长江三峡

4 月 9 日

我们在新的舱房里度过了一个非常舒适的夜晚。上床前，我们特意看了看那些船员们，打算看看他们在哪儿休息。对他们来说，甲板既是做饭、吃饭、工作的地方，也是睡觉的地方，同时兼具了多种功能。当时他们正在吃晚饭，晚饭的内容是大米饭和蔬菜。晚饭后，他们打开脚下甲板上的活门儿，从底舱拿出很多席子和棍棒，然后很快利用这些材料给自己在甲板上搭了个棚子。棚子搭好后，他们就坐在里面聊天，直到就寝时间。从晚上 10 点到第 2 天早上 5 点，就寝的船员们都在沉睡当中，除了呼噜声，再没有发出其他任何声音。即便我们的舱室跟他们的棚子间仅仅隔着层薄木板，双方也可以互不打扰。第 2 天早上，我们被雨水落在船舱顶上的声音惊醒。大家从窗户往外看，什么也看不见，只有大雨和大雾。鉴于天气如此恶劣，我们的船长（中国船员习惯叫他“老板”）下令留在原地，停止航行。被迫停在异常潮湿的江面上，天上还不停地下着雨，我们的心情不是特别好。

老天保佑，上午 9 点左右，云层逐渐消散，船长终于下令开船。开船的前兆是船员们开始七手八脚地拆除睡觉用的棚子，把它重新变成零件，送回底舱。这之后，船员们唱着调子古怪的歌，摇着船桨，向前行驶。我们利用这个机会观察这些船员，逐渐分清了他们的面容和地位。船长以下还有两名船员，他们 3 个人是这一群人当中的头头儿。剩下的人当中有 8 个人是水手，他们 4 人一组，分别在船两侧划桨，另有 15 个人是纤夫。为了给这些人做饭，船长专门雇了个厨子。船上还有个半大孩子，应该是船长的弟弟。他没什么具体工作，却喜欢在船上跑来跑去，吆五喝六，一大早儿就被哥哥臭骂了一顿。专门为我们服务的人员包括 1 个厨子，他可以在一个 6 英尺高、14 英尺宽的小厨房里给我们做出非常出色的菜肴。除了厨子，我们还有 1 名英语说得挺不错的男仆，以及 1 个搬运工。我无端地认为，船长应该还有个老婆，她就被藏在船上的某个狭窄角落里，只不过我们到目前为止还没看见她。至于前面提到的那条救生艇，它上面的 5 个人都是受过某些专业训练的，专门负责在危急时刻提供某些帮助，同时也负责打捞失事船只留下的尸体和财物。

随着时间向后推移，天气越变越好。三峡的景色非常美丽，挺拔的山峦就在我们左右两侧直直地指向天空。大山的底色接近灰色的天鹅绒，又点缀着些翠绿。航行的第一天平安无事，只有那些纤夫给我们留下了深刻的印象。纤夫们都光着脚，丝毫不畏惧悬崖上锋利的巨石。他们的纤绳最后汇总成一根，拴在我们这条船的桅杆上。为了保证船只逆流而上，他们必须不停地在山间爬上爬下。船上的船员通过鼓声跟纤夫们联络。如果船员发现前面存在某种危险，必须停船，就要用力敲鼓。得到通知的纤夫们马上会停止前进，等待船上发出继续航行的命令。当岸边的悬崖无法为他们提供立脚点时，纤夫们就会坐上那艘救生艇，暂时返回大船。回到船上的他们也不可能休息，而是要立刻帮助船员摇桨，等到了合适的地方再上岸接着拉纤。这些纤夫每天必须工作 12 个小时，工作过程中还要连续发出有节奏的古怪声音，船长则站在甲板上发出类似的声音，指挥他们行动。纤夫们采取轮流休息的制度。所谓休息，其实就是暂时放下纤绳，蹲在路边抽两口烟，他们的烟斗好像是公用的。为他们服务的厨子整天忙着烹制数量可观的饭食，饭食的内容则是雷打不动的米饭、蔬菜和豆子。

作者拍摄的长江三峡

夜幕降临，我们的船在岸边悬崖下找了个类似小港湾的地方抛锚休息。船员们照旧吃饭，搭帐篷，抽烟，睡觉。我们根据他们的作息制度调整了自己的休息时间。

4 月 10 日

早上 5 点半，我们起了床，船员们也正在准备新一天的工作。5 点 45 分，我们继续航行。这天过得不错，两岸的美景不断映入眼帘。那些中国船员的日子过得非常辛苦，不过他们总是满不在乎地把自己承受的一切都称之为“玩儿”。从早上 5 点半到晚上 7 点半，这些人足足工作了 14 个小时。中间只是偶尔停下休息个 10 来分钟，抽口烟，再就是急急忙忙地吃了顿米饭配豆子和鱼的午饭。我们这一整天就是待在舱房里，或者去前甲板观赏景色，感叹那些纤夫怎么会有使不完的力气，能拉着这条船一直朝前走，从日出拉到日落。这些人肩膀上的纤绳通过某种金属机关连接着主纤绳。拉纤时，他们必须用尽全身的力气向前拽，脸恨不得都贴在了地面上，从远处看就跟四脚着地爬着走差不多。偶尔必须站直身子的时候，他们也要用两条胳膊拼命地拉。不管用什么姿势拉纤，纤夫们都必须不断发出尖叫，以便给自己和同伴鼓劲儿。这些纤夫们的工作就是根据船长发出的信号拉着船向前走，其他什么也不用管。纤夫们身后还有两个船员远远地跟着，他们的工作是要保证连接桅杆的纤绳不被岸上的礁石卡住或者割断，同时还要避免这条船的纤绳给别的船的纤绳缠在一起。

这天下午 1 点，我们遭遇了首个最危险的江段①。通过这个水域前，我们的船靠岸停了会儿，从岸边的一排棚屋里购买了些新纤绳，还雇佣了几个临时纤夫。完成这些准备工作后，我们的船驶入了激流当中。纤夫们走在距离这条船前面 1/4 英里左右的位置，远远地还可以听到他们的吼叫。救生艇就在我们附近航行，随时应对突发情况。船长站在甲板上拼命敲鼓，不停地给纤夫们发信号。我们的船就这么一点儿、一点儿向前挪动，周围的水像开锅了似的，翻着泡沫和浪花，船身左右摇摆得非常厉害。尽管如此，船长和船员们还是表现得非常冷静，平安地将船带出了险境。

那天下午再没发生什么事情。晚上，我们照例停泊在岸边的悬崖下休息。周围没有一丝亮光，黑得什么也看不见。

4 月 11 日

还是早上 5 点 30 分起床，船员们正在升起风帆。他们的嘴里发出各种怪异的响声，那是在召唤风神。慢慢的，风帆被风吹鼓了起

---

① 过去的长江三峡江段有 72 处险滩。1949 年后，由于不断整修航道，特别是三峡大坝完工后，这些险滩基本都不存在了。

来，我们的船开始移动。刚开始的情况显得非常惊险，突然，远处的天际起了条白线。白线越来越近，变成了巨大的，翻滚着白色泡沫的水墙壁。这个地方叫“泄滩[①]”，是从宜昌到夔州这个江段最危险的一处险滩。水流非常急，船员们拼命划桨，想尽办法让船向前移动。船长突然下了道命令，某个船员嘴里叼着条绳子，徒手跳进水里，游到船前面200码左右的岸边，找了个地方把绳子拴上。船员们利用这个机会快速划桨，向前挺近。岸边终于出现了可以下脚的小路，救生艇赶紧把纤夫们送到岸边，这些人再加上从当地临时招募的200名纤夫一起用力把船一点点儿地拉了上去。眼前的景象非常壮观，岸边的悬崖足有3000英尺高，江面异常狭窄，两岸的山峰就好像随时都会合拢，把我们夹在里面一样。

我们抬眼向前望去，看不到险滩的尽头，不过大家心里都非常清楚，只要过了这个江段，就将进入一个风景优美而且不那么危险的区域。船员们显得非常紧张，只有他们的厨子镇定自若，继续在甲板上做饭，就好像周围的一切根本不存在。这个人显然对船长的驾驶技术非常有信心。很多次，船被激流冲得连续后退，让人感觉头晕眼花；很多次，船员们再次奋力划桨，慢慢地把船往上挪。船长镇定地站在巨大的舵杆旁边，眼睛直视前方，随时准备发布命令。据说，船只在这个江段失事遇险的可能性是20%！

船慢慢向前移动，我们距离水流最急的位置只有200码左右了。这是段非常恐怖的记忆。此时，一侧江岸的峭壁已经无法继续为纤夫提供下脚的地方，救生艇迅速把他们转移到另一侧。我们的船在巨浪中随波逐流，一英寸、一英寸地向前移动。险情突至，前方的巨浪中显出一块直立的礁石，我们的船紧急转向。救生艇上跳下个人，朝着我们游了过来。船上的水手朝他扔了根绳子，这个人叼着绳子游向岸

① hsin tan，长江三峡曾经的三大险滩之一。

边，把绳子拴在巨石上，帮助我们保持航向。我们的船脱险了！船员们没那个工夫庆祝，再说周围的浪涛声非常大，就算高声尖叫，别人其实也听不见。船长找了架短梯子，爬上船舱的最高处，站在那里继续指挥。

不管怎们说，险情终究还是过去了，船员们的表情都轻松了起来，开始清洗甲板。那位淡定的厨子刚才不知跑到什么地方躲避了会儿风浪，现在又回到甲板上继续做饭。已经11点30分了，船在激流中只移动了很短的距离。平心而论，在流速9节[①]的河道中行船，的确不是容易的事情。我们的纤夫拉纤时必须时刻注意让纤绳避开河道里的巨石。居高临下的水流不但冲得我们无法前进，有时还能把船头整个埋进水里。为了让船避开礁石，船员有时候只能跳到水里，用自己把船和礁石隔开。我们的船发了疯似的上下左右摇晃，弄得我都有点儿晕船了。

前面的激流里露出了块更大的礁石。我坐在船舱里兀自琢磨着我们怎么才能避开它。船在距离这块礁石不远的地方靠岸停下，稍事休息，做些必要的准备工作。船长拿了根蜡烛检查船舱，保证没有漏水的地方。准备工作完成，我们冲着礁石开了过去。感谢上帝！我们的船到目前为止还没出现任何问题。我看着那块礁石离我们越来越近，船长在鼓上有节奏地敲了一通儿，鞭炮声同时响起。我询问仆人这么做是什么意思，他告诉我说是为了祈求平安，保佑船不翻。我们终于来到了礁石面前，当时的感觉真好像是在玩儿命，让人感觉头发都要立起来了。所幸，总共300名纤夫一点点儿地把我们拉过了这个危险的江段，进入了安全的水域。所有人都长长地舒了口气。

我们的船来到了美丽且安全的江段，两岸的悬崖峭壁回落到目视可及的高度，视野非常开阔，水流变得平缓起来。周围的山上可以看

---

①1节等于1.852千米每小时。

到有中国农民正在耕种梯田，种植的大概是水稻、小麦、黄豆、油菜、大麻[1]、罂粟之类的东西。那些人力无法触及的地方，就长满了各种野生的树木和花草。我们来的时间比较早，多数野花还没开放。据水手们说，等到花儿开了的时候，景色更美。

河面上吹着微风，我们的船缓缓行进。经历过刚才的险滩后，这样的感觉弥足珍贵。纤夫们不再拉纤，而是返回船上帮助船员摇桨，每摇一次桨，他们照例还是要发出有节奏的喊声。夜幕降临，我们来到了距离夔门 50 英里左右的江段停留休息。这个地方停了很多跟我们差不多的船，有的已经停了 3 天，他们都是等着通过前面的险滩的。

4 月 12 日

这天的情况可谓千回百转、柳暗花明。早上刚过 6 点，船员已经做好了进入险滩的准备，不过当地的规矩要求所有船只只能排队依次通过，所以我们只能等在其他船的后面。这样的等待持续了 3 个小时，实在烦人。大概 9 点左右，我们终于出发了。我们的船没装什么重东西，不过由于当地的条件只能从岸边一侧拉纤，所以船走得还是很慢，远远地落在了那些满载货物的船的后面。这样的速度让人心烦。后来，船长发信号让救生艇靠过来，把我们转移到岸边，接下来的路，我们只能跟在纤夫后面，在峭壁上步行前进。走累了，我们就坐在岸边的礁石上，看着纤夫们一点点儿地往上拉船，看着我们的船在水里吃力地移动。

这天，我们经历了两处危险的江段，这两个地方的流速都达到了 10 到 12 节。对我们来说，上岸步行，看看风景倒是一种不错的生活调剂。近处、远处的山峦在视野中呈现出棕色、翠绿或浅灰的颜色，江水翻腾着从它们脚下流过。当天晚上，我们抵达了宜昌上游大概 70 英里的巴东。

① 大麻属于毒品，不过过去人们种植大麻主要还是为了获取纤维。

驻扎四川的清军士兵

4 月 13 日

早上 5 点 30 分左右出发，温和的江风推动着船帆，我们很快来到了巫山峡[①]。这是长江上最长，也是景色最美的一段峡谷，美得无法用语言描述。巫山峡总长 20 英里左右，两岸的山峰多得数不过来，山脚下就是漫长的航道。周围非常安静，我们只能听见自己的声音、水流声和划桨的声音。时不时的还有沉船出现在视野当中。我们这天的感觉就好像是在被石头围起来的湖里航行一样，前后左右都看不见地平线，只能看见头上的一线蓝天。只有脚下不断向后流淌的水流才能让我们意识到这条船还在向前行驶。

晚上 5 点 30 分，我们经过了湖北与四川的分界线。这个地方有个小村子。按照传统，不管上行还是下行的船只都要停在这里，享用

① 原文为 wushan gorge，结合地图判断，作者指的是巫峡。

一顿猪头宴，我们当然也不能例外。船还没靠岸，船员们的厨子就已经手脚麻利地收拾起了猪头，手里没有工作的船员也都跟着动手帮忙。猪头煮熟后，他们没像往常那样急着开吃，而是举行了某种宗教仪式。厨子庄重地脱帽，点上香，插在香炉里慢慢燃烧。然后，他双手举着些祈福用的纸，放在脑门儿的位置，反复跪下磕头，然后就点燃了这些纸，投入水中。那个煮熟的猪头被恭敬地摆放在甲板上的神位前面，向神献祭。整个过程都伴随着鞭炮的声音。仪式结束，猪头当然很快就被船员们吃得干干净净了。

4 月 14 日

今天跟昨天相比没有什么特别的事情发生。我们连续经过了 4 处险滩，有些江段由于无法拉纤，只能全靠划桨通过。来到最后一处险滩时，我们的船头被撞坏了一块。危急时刻，全体船员表现出极大的勇气，每个人都在大声喊叫着鼓劲儿。好在船头被撞坏时，我们今天的行程已经基本结束，所以并没有太大的影响。

这天下午，船上还多了个人，船长的老婆给他生了个孩子！按照中国人的习俗，如果这个孩子是男孩，那么船上势必要举行比较盛大的庆祝活动。只可惜，那个孩子是个小姑娘，所以一切就都从简了。我已经弄清楚，原来船长的老婆就躲在一间小舱房里，他全家都住在那里面。不光是船长夫妇和那个新生儿，还有船长的母亲。据我观察，那个老太太为人非常和善，船长的老婆虽然只生了个女孩，她却还是非常得意。

几天相处下来，我们跟船员们的关系变得融洽起来，这些人都挺不错。虽然我们听不懂他们的话，他们也听不懂我们的话，不过大家都可以明白对方的意思。今天，那个镇定的厨子找到我，向我展示他小腿上一处糟糕的伤口，请求帮助。我随身恰好携带了些纱布和绷带，就替他简单处理了一下。其他船员都善意地在周围看热闹。那之后连续几天，厨子都来找我处理伤口，显然对我的医疗技术非常满意！有了这个先例摆在那儿，其他船员有了伤口也都找我处理。这些人身上的伤口让人看着非常难受，尤其是他们的腿和脚，几乎每天就那么暴露在危险的环境中，可谓伤痕累累。因为拉纤的缘故，纤夫们的肩膀也被绳子磨得血肉模糊。

顺便说下，纤夫们的绳子也引起了我们的兴趣。这种绳子只比成人的手指[①]稍微粗一点儿，一头儿拴在桅杆上，一头儿却可以同时承受 300 个人的拉力！除此之外，这跟绳子还必须承受得住岸边礁石的摩擦力，江中水流的冲击力。不知道中国的匠人采用了什么工艺，我们逆流而上的过程中，这种绳子好像只断过 1 次。

由于险滩太多，再加上船头出了问题，所以我们今天走得很慢。入夜后，我们停在距离夔州府至少还有 55 英里的地方休息，所有人都筋疲力尽，巴不得马上睡觉。

4 月 15 日

我们早上动身还挺及时，可一路上险滩太多，再加上还需要避让其他船只，所以耽误了时间。这天下午 2 点左右，我们看到了进入夔州府前的最后一处险滩，这个地方被称为“风箱峡[②]”，距离我们旅行的终点已经非常近了。当时正好有 5 艘大型货船正在排队等候通过险滩，为了避免无聊的等待，我们决定转移到救生艇上完成最后的旅程。救生艇灵活轻便，航速是大船的 2 倍。通过短暂交流，救生艇的船长同意把我们带到夔州府去，换乘等在那里的英国炮舰。我们于是转移到这艘小船上，开始了最后的旅程。

风箱峡大概有 4 英里长，景色还是非常优美。这段河道非常窄，

---

① 原文用的是 finger，这个词虽然可以用来统称手指，但通常指大拇指以外的 4 根手指，大拇指则被称为 thumb。

② windbox gorge，白帝城以东大概 2 公里的位置，这个地方的地形酷似风箱，民间传说原先就是鲁班的风箱，故名。

四川某地渡口

也就300码左右，水位最高的时候有40英尺。河道窄、水流急，很容易发生危险，当地的官府因此在峡谷的入口处横着拦了道铁链，禁止船只在枯水期通过。这道铁链丰水期时被淹没在江水里，不影响船只通行，枯水期时就会露出来，拦住过往船只。我们来的这个时候当然是丰水期，铁链是看不见的。据船员说，判断这道铁链的位置的标志是岸边一块名为“雁尾岩（goose tail rock）”的巨石。这块石头枯水期时距离江面40英尺左右，丰水期时就差不多被整个淹没。

我们的运气不错，沿着风箱峡上行期间，风向多数时间都恰好合适。风向偶尔变了的时候，小艇上的船员就划桨航行，嘴里还要大声呼喊，祈求风向改变。航行期间，除了船员的划桨声，耳边就只有江风吹过的声音。两岸悬崖上的岩石大多是白色的，上面还被流淌千万年的江水雕刻出各种坑坑洼洼。小艇航行了2个多小时，我们来到了峡谷中间，感觉周围的气氛陡然变得和缓了起来。目力所及，到处都

在风箱峡航行

是农民的梯田，所有能耕种的土地都种上了庄稼。就这样又航行了2个多小时，终于看到了迎候我们的皇家海军“金沙（kinsha）”号炮舰。当天下午6点，我们登上了“金沙”号，受到了舰长鲍威尔（commander Powel）指挥官和他手下船员的热烈欢迎，大家一起吃了顿地道的英国饭。

我们在“金沙”号上待了整整2天，这条炮舰的主要作用是驻留当地，维护英国的利益。这个地方的西方传教士只有隶属罗马天主教会的皮埃尔·罗杰神甫（Pere Roger）[①]，他已经在中国传教30年了。当地大清地方官特意派了8名士兵，护送我们进城拜访这位神甫。为了抵达皮埃尔·罗杰神甫的住宅，我们需要穿过整个夔州城。据神甫说，我可能是有史以来出现在这座小城里的第1位西方女性。基于这

① 译者此处翻译依据中国教民习惯，即天主教神职人员称为“神甫/神父”，基督教新教神职人员则被称为“牧师”。

样的原因，当地居民理所当然地对我表现出极大的好奇心，我们当然也好奇地打量着当地居民。

总的来说，夔州跟同级别的其他中国城镇大同小异。城里有几条热闹的商业街，还有几座残破的寺庙。皮埃尔·罗杰神甫的教堂混杂其中，显得非常简陋。据神甫说，他目前已经在当地发展了 300 户教民家庭，当地某些家庭信奉基督的历史可以追溯到 200 多年以前。由于在中国生活的时间久了，神甫本人的穿着打扮也已经非常像中国人，就连口味也变得中国化了。他的汉语说得非常好，而且自称可以用汉语直接思考问题。神甫多数时间都是夔州城里唯一的西方人，偶尔才能有西方传教士或者我们这样的旅行者登门造访。

4 月 17 日

我们之前雇的那条小船终于从风箱峡开上来了，大家得以返回之前的船舱休息。由于第 2 天还要赶路，船上的人睡得都很早。“金沙”号上的经历令我感觉非常奇妙，我此前从未想过能在距离中国海岸线 1130 英里的内地邂逅自己的同胞。

4 月 18 日

早上 5 点，我们开始乘船沿着原路向下游行驶。航向变了，水流不再成为阻力，可是那些曾经阻挡我们逆流而上的礁石、险滩却变得更加危险了。更让人遗憾的是，由于船只航速加快，我们已经无法从容欣赏两岸的风光。长江三峡的美是独一无二的，让人经历过一次就永生难忘。顺流而下的过程当然也是时刻伴随着风险的，不过总算有惊无险。再说，我们那条船当时的航速已经达到 12 节，很多险处你可能还来不及害怕，就已经被甩到后面去了。例如，我们上行通过泄滩总共用了 6 个小时，可下行才用了大概十来分钟。4 月 19 日晚上 9 点 30 分，我们返回了宜昌。4 月 23 日，我们告别小船，重新登上隶属招商局的“桂礼”号。4 月 25 日下午 2 点，我们回到了汉口，然后看很快又转移到太古公司的轮船上，于 4 月 30 日回到了上海。如此奇妙的 1 个月至此画上了句号。

第五章　北京城

北京可能是全世界风沙最厉害的城市。这座城市是被城墙从四面围起来的，城墙里面是土，城墙外面也是土。春天，狂风裹挟着风沙横扫一切；夏天，只要下了雨，城里就变成烂泥塘，道路几乎无法通行。多数外来者对这座城市的印象因此都不是很好，然而他们很快又会被这座城市独特的魅力所吸引。所有东方城市当中，北京是独一无二的！这座城市的历史浸润到了它的一砖一瓦当中，渗透到了城市中的每个居民身上。更何况，这座城市当中还生活着神秘的大清皇帝，他主宰着 4 亿人的命运。

北京的历史古老得几乎无法追溯。这座城市的雏形出现在公元前 1121 年，当时被称为“蓟[1]”。公元前 221 年，蓟城遭到破坏，取而代之的新城市被称为“燕（yen）”。公元 7 到 10 世纪，原来的燕城又变成了幽州（yeoutcheou）。幽州城在辽代遭到焚毁，重建起来的城市改称“燕京（yen king）”。公元 1135 年，金国灭亡了辽国，他们在原有燕京的基础上修建了新的城市，新城和老城被统称为“中都（tchoung tow）”。公元 1215 年，成吉思汗灭亡金国，他的孙子忽必烈随后在 1264 年又在这个地方建立了元大都。西方人最早是通过马可波罗知道了“汗八里[2]”这个城市的。公元 1368 年，大明王朝推翻了大元，元大都改称为“北平府（peping fou）”。1409 年，永乐皇帝把首都迁到这里，“北京”的名字由此确定下来，延续到了今天。

---

① chi，即周代燕国的都城。

② cambaluc，即元大都的蒙古语发音。

现在的北京城存在着满族和汉族两个相对独立的居住区①。隔开这两个居住区的那道城墙总共有 3 个城门，分别为哈德门②、前门和顺治门③。这 3 个城门每天要按时开闭。北京城的满内城不是标准的正方或长方形城池，它南面和北面的城墙明显要长很多，不过这座城市最初建立的时候就严格依据了中国人强调的正南正北传统。内城总共有 9 个比较大的城门，除了上面提到的 3 个，还有齐化门④、东直门（tung chih men）、安定门（anting men）、德胜门（tesheng men）、西直门（hsi chih men）和平则门⑤。1860 年，额尔金勋爵就曾在安定门外驻扎过。

北京城墙上的城门洞是砖拱结构的，门扇都是厚重的木质大门，上面还钉了很多大钉子⑥。内城的城墙周长在 21 英里左右，超过 40 英尺高，规模超过世界上的任何城市。北京的城墙从 1437 年便已雏形初具，永乐皇帝时期又在原有城墙的基础上包了一层砖，弄成了现在的样子。北京的城墙上建有非常平坦的道路，宽度大概 50 英尺左右，现在这条路上已经野草、树木丛生。站在如此古老的城墙上，看看城外西坠的斜阳，再看看城内灰色调为主的房屋、街道，苍茫的感觉油然而生。通常来说，北京的城墙是不允许平民，特别是女人随意攀爬的。理由是他们的出现可能打扰战神关帝的安宁，给城市带来灾难。

北京内城的 9 座城门中的一座已经在 1900 年的战争中遭到损毁⑦，保留完整的城楼都是标准的方形建筑，大概 80 到 90 英尺高，

① 指清代北京实行满汉分城居住制度，满族居住内城，汉族居住外城。
② ha ta men，即崇文门。
③ shun chih men，即宣武门。
④ chi hwa men，即朝阳门。
⑤ ping tse meng，即阜成门。
⑥ 指门钉。
⑦ 指正阳门箭楼，今天的建筑是清末民初重新修复的。

北京的城墙和城楼

前门

上面还架设着古老的大炮。每座城门在主城墙以外，还添加了一圈环形防御工事[①]，环形工事的城墙比主城墙还高、还厚。北京所有城门当中在西方世界知名度最高的就是前面提到的哈德门、前门和顺治门。哈德门的位置最靠西，紧邻使馆区[②]，前门正对着紫禁城的大门，顺治门在最西边。西方人普遍知道的北京“水门（water gate)”并不在正式的城门之列，而是联军在 1900 年时用炸药开辟出来的。现在这个地方已经铺设了铁轨，火车可以直接开进北京城内[③]。北京前门的城楼以及附近的城墙已经在 1900 年受到战火损毁，不过相应的维修工作现已开始。前门总共有 4 道大门，城楼中间的主通道仅供皇帝使用。皇帝出这个城门的目的一般是沿着前门大街前往天坛祭天，或者再向南走，出城打猎[④]。这座城楼附近还有座小关帝庙，1900 年皇帝和太后回到北京时，特意进去参拜过。很多西方人也曾站在这附近的城墙上，目睹过当时的盛况。北京的城门每天是要按时开闭的。城门关闭后，前门的城门洞子就成了很多无家可归的乞丐遮风挡雨的地方。冬天的时候，当气温降到华氏 8 度[⑤]，就可能有乞丐冻死在这里。每天早上会有专门的马车把他们的尸体收集起来，拉到城外埋葬。马车和埋葬的费用全部是通过捐款获得的，在这方面慷慨解囊被中国人认为是件功德无量的事情。

北京外城的城墙相对要矮，也要薄一些，是在 1544 年才修建起来的。1644 年大清帝国建立后，八旗入住内城，外城则成了汉族居民的居住区。时间到了今天，北京城内的满汉民族虽然仍旧分开居住，

---

① 指箭楼和城楼间的瓮城。

② 指东交民巷。

③ 北京内城城墙前门以东的位置当时开了个圆洞供火车出入，还修建了配套的的正阳门火车站。这个火车站原址还在，今天已改建为中国铁路博物馆。

④ 指去南海子围场。

⑤ 约等于零下 13.3 摄氏度。

然而他们在风俗文化方面其实已经水乳交融了。按照大清法律，北京内城不得开设烟馆、戏园子等娱乐场所，这些设施就全部转移到了外城。

我个人认为站在北京的城墙上欣赏风景是件无比美妙的事情，特别是当天气不错，夕阳西下的时候。那种景色只要看过一次，就终生难忘。头上是蓝天和白云，远处紫罗兰底色的西山点缀着点点深红或金黄的颜色。城内的苍松翠柏间掩映着皇宫屋顶的金色琉璃，还有众多普通的灰色民居。眼前的北京就像是个梦！若即若离，让你无法确定它究竟是真实的，还是梦幻的。

北京内城当中还专门有个被红色高墙圈起来的部分，那就是皇城的所在。红色的城墙上日夜有士兵把守，城墙内除了紫禁城，还集中了大清帝国的很多最高机构。皇城在 4 个方向总共有 4 座大门[①]，它的核心就是神秘的紫禁城。士兵们在皇城的 4 座大门日夜站岗，城墙上有士兵巡逻。皇城城墙上的转角儿处，以及 4 座大门的上方都修建有岗楼，士兵们时刻保卫着皇帝的安全。皇城内的紫禁城周围还额外挖了一圈护城河[②]。

皇城西部的西苑[③]可能是这个区域中景色最好的地方。很多西方人都曾利用 1900 年皇帝和太后出逃的机会，参观过西苑。不过我觉得可能很少有西方人能像我这样，被太后和皇帝正式邀请到这个地方做了一天的客。太后那天没有亲自露面，而是由很多公主代替她接待我们。陪同这些公主的还有众多官员、太监和宫女，他们的出现为那次做客增添了不少乐趣。

作为贵宾，我们得到了在皇家专属的太液池（the lotus lake）上

---

① 即天安门、地安门、东安门和西安门，除了天安门，其他 3 座城门已在 1950 年代陆续拆除，但地名仍存。

② 即今故宫筒子河。

③ 即今北海、中南海。

北京城内街景

泛舟的荣耀。我们登上那条覆盖着明黄色棚顶的游船，航行经过了白塔和五龙亭，然后又穿过了一座汉白玉石桥的桥洞，这才重新回到满是垂柳的湖岸。我们上岸闲逛，享受着与红墙外边那个背景迥然有别的气氛。我们参观的这个区域平时似乎很少有人来，因为路面上都长了很高的草。太液池畔还修建有专供皇帝娱乐使用的 2 英里铁路①，不过配套的火车已经没了踪影。很可能是在刚刚过去的战争中跟那些金银财宝一样，被各国联军给抢走了②。参观过铁路，我们又去了蚕坛③，据说太后本人每年都要到这里祭祀。离开蚕坛，大家来到紫光

---

① 1886 年，光绪十二年，清廷开始在皇城范围内修建皇家铁路，起点在中海的瀛秀园，终点在北海镜清斋，1888 年竣工，一般称为“西苑铁路”。

② 美国著名旅行家伯顿・福尔摩斯 Burton Holmes 在《从阿穆尔到北京 Down the Amur, Peking, The Forbidden City》一书中提到，这列火车当时很可能被扔在了前门的瓮城里，后来慢慢损毁消失了。

③ the silk temple，这个地方原址仍存，在今天北海公园东北角的位置，是祭祀嫘祖的场所。嫘祖是黄帝的妻子，据说她教会了中国先民养蚕、制作丝绸。

阁。1874 年时，各国公使在这里首次得到了同治帝的接见。后来，我们又参观了一处圆形的寺庙，里面供奉的玉佛跟真人一样大，价值连城[①]。这个地方还保留着 1900 年遭到联军洗劫的痕迹，地上尽是屋瓦和瓷器的碎片。我们此次做客也参观了澄观堂[②]。想当初，光绪帝结束漫长的等待，亲掌大权后，慈禧太后就从紫禁城的宫殿里主动退了出来，将这个地方作为她冬季的住所。我们登上石头台阶，进入了长满各种爬藤植物的庭院。这间宫殿在 1900 年曾被瓦德西元帅和他的参谋们作为司令部使用。后来澄观堂遭到联军士兵洗劫，还被点着了火，差点儿完全烧毁。瓦德西元帅和参谋们当时还待在宫殿里，元帅本人比较幸运，及时逃了出去，一名参谋却不幸葬身火海。现在这个地方能搬动的财物基本都被抢干净了，有些则被大火烧毁了。

我们此行还参观了光绪帝 1898 年变法失败后被短暂扣押的那处宫殿[③]。这座宫殿位于湖心的一处小岛上，只能通过石桥与湖岸连接。那处宫殿非常漂亮，按中国人习惯的标准来说也算舒适，到处都是黑色的木雕和明黄色的帐子。待在这个地方，我禁不住要去想象当年光绪帝和他的随从们是怎样在这里忍受枯燥的生活，通过屋顶的平台眺望远处的景色解闷的。

煤山[④]也在皇城的范围以内，是人工堆起来的，大概 150 英尺高，周围也有城墙和护城河环绕。煤山这个名字的由来据说是因为当年有很多专供紫禁城使用的煤堆放在那里，以备万一哪天出现被围困的情况，还可以坚持抵抗。传说归传说，今天的煤山已经一块煤都看不见了。按照中国人的风水学理论，煤山的另一项功能是为紫禁城挡住来

---

① 指北海团城承光殿玉佛，这尊佛像在 1900 年曾被八国联军砍了一刀。

② 原文为 the palace of earth' s repose，参考下文内容，作者指的应是北海北岸的澄观堂，这个地方 1900 年被八国联军占据，成了联军司令部。

③ 即中南海瀛台。

④ meishan，即今景山公园里的煤山。

紫禁城大门

煤山

自北面的邪气。煤山自从落成以来就始终没对西方人开放过，中国的老百姓也不可能进入这个地方游玩。站在城墙上遥望，我觉得煤山的景色应该非常优美。煤山上从山下到山顶连续修建了若干个小亭子，双檐的亭子顶上全铺着黄色的琉璃瓦，亭子与亭子之间有道路相连。煤山的院子里还可以看到很多红色的宫殿和庙宇。当年清军攻破北京时①，明朝的最后一位皇帝就是在这里上吊自杀的。

相比土著居民，北京的街道对西方游客可能更加具有吸引力，因为前者对自己身边的风景可能早就熟视无睹了。北京的街道中间往往要垫高 2 英尺左右，这个垫高的路面两侧都是路沟②，街道两侧紧挨着路沟的就是各种商铺和房屋。道路中间垫高了的那个部分平时主要是供车辆通行的。北京的车夫驭使的牲口主要有中国原产的很矮小的马、驴或者骡子。这些牲口通过一系列绳子和铁环跟后面的车辆连接，车夫经常光着膀子坐在车上，想尽各种办法驱赶牲口前进。万一某个车轮不幸陷进泥坑，车夫也得跳下车，用后背和肩膀把车推出来。中国原产的驴脾气挺倔，经常在路上扬着尾巴。那种非常矮小的中国马经常在夏天的时候跟骆驼一起出现在北京的街道上，它们的工作是从远处的山里给这座城市运来煤炭。

北京的轿车主要是老百姓和西方游客的专属车辆③，也就是说，那些没有官衔，因此没资格乘坐轿子的人都可以乘坐轿车。我永远忘不了自己第一次，也是唯一一次乘坐这种轿车的经历。轿车停在门前时，我觉得这辆车还挺漂亮的，拉车的骡子也很健壮。赶车的轿夫穿

---

① 原文如此。实际应为李自成起义军攻入北京时。

② 当时北京的道路采取甬路的形式，中间高的部分供车马通行，两侧设有路沟，供行人行走。

③ 直到民国早期，骡马拉的轿车始终是北京城最主要的载人工具。这种车中国南方并不使用，主要集中在北方地区，北京使用最普遍，因此也被称为“京车”。京车最明显的特点是它使用的轴承，这种轴承运转时能发出特殊的声响，让人一听就知道是骡车过来了。今天传统相声、评书里所说的大鞍儿车、小鞍儿车指的就是这种骡车，它们的区别只是车厢大小不同而已。

着灰色的棉袍，头上戴着红缨圆帽，就跟画里的形象一样。开头儿都很顺利。我先把一条腿跪在车辕上，小心翼翼地往里爬，车夫反复提醒我小心碰头。爬进车厢后，一个转身，我已经稳稳当当地坐在了里面。坐下以后，我发现自己的两条腿只能那么半弯曲地朝前伸着，蜷不起来，也放不平，这个感觉非常不舒服。话虽如此，想想当初慈禧太后逃出北京时坐的也是这种车子，我心里感觉还是舒服了点儿。整理好裙子，我命令车夫出发。车夫抖手给了骡子一鞭子，骡子开始以某种介于走和跑之间的方式拉着车子前进。北京的轿车不像西方马车那样给车夫设有座位，所以赶车的人只能跨坐在车辕上。这不但阻挡了我的视线，也挡住了新鲜的空气。

北京的轿车

随后发生的事情更加糟糕。我们当时走的路是由 2 到 3 英尺见方的石板铺成的，石板跟石板间存在缝隙，石板上头还有很多大大小小的坑洞，车子在上头跑，能把车厢里的人骨头都颠散架了。就这样，我坐在车厢里被颠得滚来滚去。突然，车轮遇见到特别深的车辙，我的帽子直接被颠飞了！我尝试着调整自己的身体，可无济于事，这样的感觉真让人抓狂。屋漏偏风连阴雨，一阵风沙灌进车厢，我吃了个满嘴，不但衣服上、头发上落了沙子，就连眼睛也进了沙子，搞得眼泪汪汪的。我想做点儿什么把自己拯救出来，又什么都做不了，就连嚷嚷也没用，因为轿车颠簸的声音完全把我的声音给压了下去。从那以后，我就发誓再也不坐北京的轿车！

我在北京的大街上亲眼目击的另一次重大事件是李鸿章的葬礼。中国人的习俗，人死了以后不能马上下葬，而是要根据星象学家的推算，等待一个比较吉利的时刻。李鸿章是在 1901 年 11 月 7 日去世的，他的葬礼则被安排在 1902 年 5 月 31 日。葬礼当天，我们被邀请到李鸿章棺椁停放的寺庙，向这位政治家表达最后的敬意。葬礼的主角是李鸿章的儿子，他表现得非常悲伤。按照中国习俗，父亲去世，儿子不能剃头、刮脸，还要穿很破、很脏的衣服。我后来听说，这位儿子在他父亲的葬礼结束后不久就去世了，有大臣因此向皇帝建议把李鸿章的爵位全部交给这个儿子继承，因为他的死是基于对父亲去世的过度悲伤，是“孝”的表现。在我看来，这可能纯属巧合①。

李鸿章的棺材当时覆盖着帷幕，外人看不到具体的情形。棺材前面摆放着漂亮的蓝色香炉和烛台，香不停地烧，整个屋子里都烟云缭

---

① 作者此处描述错误比较多。李鸿章得过 6 个儿子，最后长大成人的总共有 3 个，其中死于 1902 年的只有次子李经述。这个儿子是李鸿章的继室所生，属于嫡子，死于 1902 年 4 月 6 日，不可能在 5 月 31 日被作者看见。李经述原本患有慢性肝病，李鸿章死后，他感觉既自责又悲伤，病情加重，所以很快也去世了，死前还留下遗书，倾诉内心的苦闷。李氏宗族和清廷的很多大臣认为这是纯孝的表现，要求光绪皇帝授予相应的荣誉，他的长子李国杰因此得以隔辈承袭了李鸿章的爵位。至于李鸿章 3 个儿子中知名度最高的李经方，其实是从李的六弟家过继来的，当时正在北京任候补官，作者看到的很可能是他。所谓“葬礼”，其实也只是李鸿章灵柩从北京启程返回合肥老家的仪式，1903 年 3 月 16 日，他最终被安葬在今合肥大兴集。

绕。李鸿章棺材的右边站着我刚才提到的那个儿子，在他的左侧站着的应该也是李家的亲属。这个人从头到脚都穿着孝，模样显得非常干练、精明，不过他的关系应该跟李鸿章比较远，所以可以剃头、刮脸。棺材右侧站着的人跟他们的穿戴差不多，明显也是李家的人。棺材前头摆着 3 个拜垫，左右两个都没有外罩，中间那个外面还有层丝绸质地的罩子。这个垫子是专供身份比较高的王公大臣使用的。吊客进入这间灵堂后，首先要走到棺材前头稍稍停留，然后再跟站在棺材两侧的李家人寒暄几句。寒暄过后，他们就跪在拜垫上磕头行礼。磕头时，需要手背朝下平放在地面上，脑门要碰到手心。行礼结束，他们被带到灵堂的外间。这件房间到处装饰着白色，窗户也被白色的帘子遮住，显得很昏暗。客人们坐在这里，享用仆人端上来的茶水和点心。李家特意在灵堂最外边的大门处安排了两名仆人，他们的工作是负责搀扶某些客人迈过门槛。虽然中国传统乐队始终在灵堂里演奏着悲伤的音乐，不过大家的情绪明显没受太大影响，反而显得乐呵呵的，就像参加一次普通聚会。这或许是因为举行葬礼的时间距离死者实际去世的时间已经比较长了的缘故吧？

灵堂外面的庭院里摆放着各种纸糊的神兽，全都跟真的一般大小，它们的身体主要都是用纸和柳条之类的东西弄出来的。我注意到，它们中间有只纸糊的京巴儿，它的身体比其他的神兽都大①。神兽当中还有很多真马大小的纸马，每匹纸马都配了对应的纸糊马夫，马夫身上穿着纸糊的全套官服。从远处看，你可能会觉得这支骑兵小队就是真的，可是走进一看，就难免莞尔，因为纸糊的东西毕竟没有真人、真马那么生动。更何况，那些纸人脸上的表情也非常滑稽。所有这些纸糊的神兽当天晚上都按某种固定的程式给烧掉了。这么做，据说就可以让它们在那个世界侍奉死者的灵魂。出于同样的目的，李

① 原文如此。作者可能指的是狮子，明清时代的狮子雕塑外形和神态都接近哈巴狗。

李鸿章和家人

家的人还为李鸿章准备了大量纸糊的仆人、房屋、轿车、箱柜、家具，当然还有姬妾。灵堂外面，还有很多人手里举着大概 10 英尺长的杆子，杆子上挂着用金字写成的条幅，条幅的内容主要是对死者生前品行的赞扬，以及皇帝授予他的荣誉称号。

第 2 天早上，我们目睹李鸿章的灵柩从北京踏上了返回安徽老家的旅程。按照中国人的习俗，只要有条件，人去世后肯定要把灵柩送回老家，而且还要埋在祖坟里。为了护送李鸿章的灵柩出城，士兵们已经提前在大街上站好了岗。走在灵柩队伍最前面的是由仆人们抬着的各种纸糊的东西。我们昨天看到的那些纸人、纸马之类的东西已经在夜里被烧掉了，这些是重新制作出来的。跟在各种纸糊东西后面的，是由仆人们举着的各种伞盖和红色的官衔牌子。这些人过去后没多久，李家的亲属们出现了，他们照旧穿着白色的丧服。走在亲属队伍最前面的是李鸿章的那个儿子，有 8 个仆人专门替他撑着白色的伞盖。其他关系相对疏远的男性亲属则跟在这个儿子后面。女性亲属由于不能在公众场合露面，只能乘坐白色的轿子，跟在男人身后。李鸿章的灵柩装在马车上，跟在亲属队伍后面。紧跟着棺材马车的还有若干辆马车，他们负责运载死者留在北京的财物。众多身穿苹果绿色服装的仆人跟在马车后面，他们头上都包着白布。各式各样的轿车和轿子，全部都是白色的，走在整个队伍的最后。队伍当中还点缀着乐队和被李家雇来的职业哭丧者。乐队的乐器主要是吹奏乐器、打击乐器，还有一种特大号的喇叭。队伍行进途中，不断向空中抛撒各种纸质的钱币和银元宝、金元宝。大风偶尔吹开了天上的云朵，阳光就直直地落在了送葬队伍的头上。这样的情形即便在北京也不常见。

说完了李鸿章的葬礼，还是让话题再回到北京的街道上来吧。前面说过，北京道路中间高出来的部分是专供车马通行的，行人都要在两侧的沟里行走，行走过程中还得小心各种泥坑和水坑。道路两侧只要有空地的地方，肯定就有做生意的小贩。这些小贩跟大的店铺不同，他们做生意不挂幌子。他们出售的商品主要有旧的衣服（大多是蓝灰色棉布的）、宠物鸟、各种铁器、鼻烟壶和水烟袋等等。小贩们的东西卖得很便宜，可买主总还是要还个价。有时候，讨价还价的声音可以达到震耳欲聋的程度。行人通行的沟里偶尔也可以看见近乎赤裸的乞丐。乞丐跟普通人最明显的区别就是他们不剃头，因此也就无从谈及编条像样儿的辫子。待在路边沟里等着做生意的还有盲人算命先生，这个职业在中国非常古老，而且的确有利可图。尊重老人和弱者是中国人的美德，北京城的老百姓都非常尊敬这些人，称呼他们为“先生[①]”。沟里的泥坑和水坑虽然妨碍通行，却是小孩们游乐场。北京城向来多风沙，雨季一到，风沙就变成了稀泥。

有群人正围在那看热闹，你也忍不住凑了过去，越过他们的肩

① 中国人过去的习惯除了尊称有身份的人为“先生”外，还把“先生”作为老师的代称。盲人当时大多从事算命的职业，具有一定文化水平，因此也被称为“先生”

膀，向人群里张望。这种情况下，人群中间要么是个耍杂技的，要么就是个拉洋片的。所谓“拉洋片”，就是表演者站在一个大盒子旁边，通过机关不断变换盒子里的图画。观众透过盒子上的小窗户朝里面看，表演者根据图画的内容讲故事。北京街头做生意的小贩真的五花八门，谁要是想剃头（全程不用肥皂），花 1 个小钱就可以找到剃头匠；要是身体闹点小毛病，也可以随便在街上买点儿药吃；如果肚子饿了，那更容易，到处都是卖小吃的。可以这样说，北京街道的每个拐角儿差不多都有卖小吃的棚子，就算最挑剔的食客，也可以找到心仪的选择。要是想吃鱼，街上就可以找到装着活鱼的大盆，现杀现做。在街上杀鱼根本算不上什么新鲜事，还有小贩直接在街上宰羊，很短时间就能把它们变成美味的食品。当然，这样的场景对那些心地过于善良的人来说是不太适合的。如果你属于这样的人，不妨欣赏欣赏那些装在笼子里的小鸟，看看它们漂亮的羽毛，听听它们婉转的歌喉。

街头的小吃摊

街头的流动商贩

北京搭棚子沿街做生意的小贩往往都要背靠正规的大商铺作为依托，拥有这种商铺的商人非常富有，也非常有教养。走进店铺，这些商人会微笑着请你喝茶，从丝绸质地的包裹里拿出珍贵的货物向你展示。他们的店铺门口永远打扫得一尘不染，大门上方通常悬挂着金字的匾额。一般来说，店铺开张时间越短，金字就越鲜亮。年深日久，金字就会变得暗淡下来。店铺门口还会挂着幌子和各种旗帜，向路人宣传自己的经营内容和信誉承诺。顾客不用进店，就可以知道这家买卖是做什么的。

北京街头的路人同样形形色色，汉族人、满族人、蒙古族人，还有其他少数民族，都能看得见。非富即贵的上流人物把肥胖的身躯塞在轿子里，在街上鸣锣开道。和气的买卖人站在柜台后面，始终保持着微笑。从事体力工作的人大多穿着蓝棉布的衣裤，头上永远缠着毛巾。和尚们的头总是剃得光光的，在太阳底下闪光。没目的乱逛的闲人手里举着架杆儿，架杆儿上落着他们的宠物鸟，还有的闲人三五成群地围在那儿斗蛐蛐。士兵们扛着枪，为了防止风沙灌进枪管，枪上都包了红绸子。北京的街头什么人都看得到，就是看不到上流社会的女性。按照中国人的习俗，她们不能随便走出自己的家门，反倒是社会地位较低的女性拥有更大的自由度，可以在街上闲逛。这么多人聚集在一起，北京街头的声响有时的确令人心烦。唯一能让人觉得内心平静的声音来自天上的鸽群。这些鸽子的尾巴上拴着特制的哨子，盘旋飞翔时就能发出悠扬的声音。据说，北京人使用的鸽哨光形制就有11种，每种都可以发出不同的声音，音色堪比竖琴。

这就是北京的街道，永远灰蒙蒙的，喧闹、嘈杂、繁华，可能还有点儿不太卫生，然而却是世界上独一无二的。

北京比较有意思的名胜除了前面提到过的天坛，还有钟楼（the bell tower）、鼓楼（the drum tower）、黄寺[①]、雍和宫（the great lama temple）、孔庙[②]，当然也包括跟西方人颇有渊源的北堂[③]。

钟楼非常值得一去，因为这个地方悬挂着世界上最大的青铜钟。这口钟最宽的底边周长足有34英尺，重120000磅。1406年，永乐大帝总共下令铸造了5口这样的钟。据说，铸钟期间，曾把8个人投入熔化的铜水充当祭品[④]。正是由于这些人的献身，大钟才能够发出无

① the yellow temple，北京标准发音应读为“黄寺儿”，位置在今北京安定门外黄寺大街。这条大街原有东西两座黄寺，都属于藏传佛教寺庙，“黄寺”名字的来历据说是因为这两座寺庙都使用皇家专属的黄色琉璃瓦。东黄寺又名普净禅林，是1651年顺治帝为招待前来朝觐的治佛脑木汗所建。西黄寺建于1652年，相继作为五世达赖和六世班禅来京朝觐时的驻地。东黄寺在八国联军侵华时毁于战火，残余部分后来被逐渐拆除。西黄寺目前仍然存在，已改为藏传佛教高级佛学院。

② the temple of confucius，指国子监孔庙。

③ 即西直门天主教堂。

④ 北京民间流传有铸钟娘娘的故事，大概意思说铸造大钟期间，工匠的女儿主动跳进铜水充当祭品，死后成神。

与伦比的声音。每逢节日或其他重要日子，悬挂在钟楼上的这口大钟还要被敲响。这口大钟挂在那，外形近似倒置的百合花。悬挂大钟的屋顶还特意开了个洞，那是为了防止声波反射，把钟给震坏了。永乐大钟的内外密密麻麻铸满了文字，每个半英寸左右大小，足有 84000 个[①]。鼓楼距离钟楼非常近，是元大都的遗迹。这座建筑上有面大鼓，负责整个北京城的报时工作。鼓楼在乾隆帝当政时期得到了修缮，这座建筑和它的周边是北京景色最好的地区[②]。

大钟寺

站在北京的城墙上，远远就可以看见黄寺漂亮的金色屋顶。这座

① 这段描述错误比较严重。永乐大钟最初的确悬挂在钟楼，不过这口钟在 1607 年明万历年间被转移到了紫竹院西面的万寿寺，1733 年清雍正年间又被转移到觉生寺再没移动过，也正是从那时开始，觉生寺才被民间俗称为“大钟寺”。作者 1902 年来华，不可能在钟楼上看见永乐大钟。

② 这段描述也不准确，元大都时代修建的鼓楼在清乾隆年间毁于大火，乾隆帝下令在元大都鼓楼以东不远的位置重新修建了今天依然屹立在那里的鼓楼。

黄寺

寺庙的历史最早可以追溯到康熙帝时代[①]。1780 年，六世班禅喇嘛从拉萨来到北京朝觐大清皇帝，就住在这座寺庙里，后来也是在这座寺庙不幸罹患天花去世。六世班禅喇嘛死后，他的遗体被装在黄金的棺材里运回了拉萨，衣服则被装入镶满珍宝的盒子，埋进了黄寺的衣冠冢[②]。这座衣冠冢上镶嵌了 7 块金版，写满了记述六世班禅生平的文字，金版周围装饰了各种象征佛法僧三宝的图案。黄寺应该算是北京城范围内最精美的佛教寺院，只可惜，这座寺院在 1900 年遭到了日本军队的洗劫。

雍和宫就在距离黄寺不远的地方。这座寺庙原先是雍正帝还没当皇帝时居住的官邸，他登上皇位后，就把这里改成了藏传佛教寺庙。雍和宫鼎盛时期可以容纳 3000 名喇嘛在里面修行，不过现在喇嘛的人数已经降低到了 500 人。统率这些喇嘛的最高等级喇嘛通常被尊称

① 原文如此。实际应为顺治帝时代。
② 即乾隆帝在 1782 年为缅怀六世班禅，花费 7000 两黄金在黄寺修建的清静化成塔，俗称“班禅塔”。

为“活佛”。相比黄寺，进入雍和宫参观、游览的机会还是比较容易得到的。这座寺庙可能是全北京最宏伟、最有意思的寺庙，它基本都是木结构的，大殿一间连着一间。整个寺庙靠右的区域主要是供喇嘛和香客居住的区域。雍和宫里供奉着一尊鎏金木佛[①]，是用整棵大树雕刻出来的，足有 70 英尺高，木佛的脑袋刚好碰到大殿的屋顶。雍和宫大殿正面供奉着 3 尊坐姿佛像，佛像们的两侧还有两尊站姿雕像[②]，大殿的两侧还矗立一些可能是十八罗汉之类的雕像。佛像前面的供桌上摆放着众多精美的铜器和瓷器，有些据说还是皇帝赏赐的。雍和宫的历史非常悠久，所以寺庙里的很多漂亮家具、建筑都显得乌突突的，上面的彩绘也非常斑驳，还被香火给熏黑了。

我们游览的当天，喇嘛们正聚集在正殿后面的大殿里从事某种活动。我们站在那儿看了半天，也没看明白。只记得这座大殿非常昏暗，只在门框的位置点了很少的灯。连续穿过三道这样巨大的门框，可以看到庄严的坐姿佛像。等级最高的喇嘛，也就是活佛，背对佛像坐在那里，众多喇嘛则面朝着他站在那里。某位年轻的喇嘛身穿漂亮的红色僧袍，同样背对着活佛和佛像，正在摆放供品。

站在大殿外面，通过三重门道，可以直接看见大殿的最深处，中间只有少量高大立柱遮挡视线。佛像前面成排摆放着类似垫子或凳子似的东西[③]。只见喇嘛们纷纷在各自的垫子上跪下，把神圣的经书摊开放在面前。这些喇嘛的穿着都差不多，都是跟那位负责上供的年轻喇嘛一样的红色长袍，可以把从肩膀到脚踝的身体整个包住。他们的年龄跨度在 10 岁到 60 岁之间，可能还有更年轻的。不管老少，都剃了光头。他们用一种平缓而没有什么感情色彩的语气诵读着内容相同

① 即雍和宫著名的檀香木佛。

② 一般佛教寺庙大殿都是这样的布置，3 尊佛像象征过去、现在、未来三世佛，两侧的站姿雕像是阿南和迦叶尊者。

③ 应指蒲团。

的经文，偶尔停下来敲下木鱼或者铃铛。

诵读了一阵子经文后，喇嘛们走出大殿，来到院子里。很多人老早就等在这里，观看喇嘛们的神秘舞蹈，这样的机会每年只有两次[①]。我们由于跟其中的某位喇嘛关系不错，因此得到照顾，被带到附近的露台上观看，以便获得更好的视野。喇嘛们来到院子里后稍稍站了会儿，没有任何动作。突然，两个装扮成妖怪的人冲入人群。他们身上穿着白色的紧身衣服，脑袋上带着象征死神的面具，全身还用红色颜料画了很多奇怪的符号。这两个人手里挥动着让人看着就害怕的长皮鞭，嘴里发出怪叫。鞭梢儿所到之处，大家纷纷退避，一块空地很快就被清理了出来。

喇嘛

喇嘛们排成行列，来到这块空地，慢慢舞蹈起来。我实在数不清眼前究竟有多少喇嘛在跳舞，只记得他们都穿着漂亮的服饰，脑袋上

① 通过上下文内容判断，作者看到的应该是雍和宫喇嘛著名的打鬼仪式。

戴面具跳宗教舞蹈的喇嘛

还戴着象征鸟兽的面具，一个比一个吓人。伴随着节奏古怪的乐曲，他们2人或4人一对翩翩起舞，跳舞过程中还要不断鞠躬、摆头、晃肩。舞蹈持续了几个小时，围观的人越看越高兴，不顾皮鞭的威胁，向着跳舞的喇嘛围了过去，希望能看得更清楚些。我们则利用这个机会，仔细打量那些看热闹的人。他们当中有穿着棉袍的男人，有衣着颜色相对鲜艳的妇女，还有不少穿着灰色僧袍的和尚①。这些人五颜六色的衣服映衬着古老的寺庙、黄色的琉璃瓦、汉白玉的石头栏杆，我觉得，可能只有西方画家的笔才能把如此丰富的色彩在画布上呈现出来。

出了雍和宫，不用走多远，就到了孔庙。这个地方是喧嚣的北京城中少有的宁静所在。孔庙的院子里长满野草，平添了几分苍凉的感觉。我们在参天的松柏下漫步，欣赏着那些雕刻着历代进士名字的石碑。石碑的历史最早可以追溯到元代，上面雕刻的名字都是每次科举考试选拔出来的幸运儿。看着这些名字，就好像直接触摸到了中国漫长的历史。无论历史如何风雨飘摇，孔子始终是这个民族共同的老

① 指汉地僧人。

师。不管皇帝，著名学者，还是达官贵人，无论年少，还是年老，都要在孔子面前匍匐下拜，向这位老师表达敬意。

孔庙的大殿建在一个汉白玉基座上。基座上的三层台阶，跟孔庙的三重大门是正对着的。大殿正面宽 84 英尺，使用的红色木头立柱足有 40 英尺高，屋檐上画满了精致的彩绘。大殿里除了孔子的牌位外，还在相对较低的位置供奉了 10 个他最著名的学生的牌位。大殿里没什么家具，光线有些昏暗，日积月累的尘土和蛛网给人一种古老、神秘的感觉。紧邻大殿的庭院里摆放着 10 个石头雕刻成的鼓[①]，那上面刻了一种非常古老的中国文字，这些文字的内容据说是记载了公元前 8 世纪某位中国皇帝的打猎活动。乾隆帝曾下令给这些石鼓搞了套复制品，现在，这些复制品就摆在原品旁边。孔庙大殿旁边还有一处名为“明伦堂[②]”的建筑。据说，皇帝每年都要在这里接见那些学习成绩最出众的学生。明伦堂的外面立了 300 块石碑，上面雕刻着众多阐述孔子思想的著名作品的名字。

樊国梁[③]主教传播福音的北堂旧址几乎在 1900 年被夷为平地，现在的北堂是重新修建起来的。据说，老北堂的某些残骸现在被保存在紫禁城内，这样的做法好像跟风水问题有关。

第六章　结交慈禧太后

你可以想象，我来到北京后几乎立刻就被邀请，随同诸位公使女眷进入紫禁城，觐见慈禧太后，那是多美奇妙的经历。这次觐见被安排在慈禧太后位于紫禁城内的冬季住所。当时，我坐在轿子里，穿过

---

① 即石鼓文，秦代石刻文字，采用小篆字体，记载了周宣王打猎的场景。发现于唐代，因刻石形似鼓而得名，共 10 个。清代时保存在北京国子监，现原件已转移到故宫博物院，复制品仍留原地。

② the hall of classics，国子监太学正殿，平时从事教学和研究的场所。

③ Pierre Marie Alphonse Favie，法国人，庚子拳乱时期北京西什库教堂主教。

了一道又一道的大门和庭院，满眼看到的都是精美的龙形图案，还有各种叫不出名字的漂亮器物。经过的每处庭院都种植了高大的松树，油漆成红色，屋顶铺着黄色琉璃瓦的建筑就掩映在松荫里，庭院与庭院间还有小桥流水相互联系。我觉得，那些建筑可能就是皇室成员的住所。来到慈禧太后住所附近时，轿子被命令停止前进，我们必须换乘由皇宫内的轿夫抬着的肩舆。太后居住的宫殿矗立在汉白玉的基座上，某位皇室成员正站在基座的台阶上等候欢迎我们，他身后还站着成群的王宫大臣、宫廷贵妇和仆人。

告别耀眼的阳光，进入大殿，立刻感觉神清气爽了起来。原来大殿当中放着个巨大的瓷盆，里面盛满了冰块，那是降温用的。正对着大门的地方，端坐着慈禧太后。她的面前摆了张铺着黄色绸子的桌子，桌子上放了两个花瓶，花瓶里插着新鲜的菊花。这两个花瓶中间还放了个玻璃的小瓶子，瓶子里插着价值连城的珊瑚树。为了看清楚我们，隔着桌子跟我们握手，慈禧太后稍稍把插着珊瑚的瓶子往旁边挪了挪。这样一来，我才有机会仔细打量这位名声早就如雷贯耳的女士。

她坐在一个没有靠背和扶手，类似沙发的座位上，这个座位外面包着接近鸡蛋黄颜色的绸子。由于座位比较低，她的脚放在地上整个被衣服和桌子遮住了，我们只能看见她露在桌子以上的肩膀和脑袋。需要说明的是，满族女性跟汉族女性不一样，她们通常是不缠足的。慈禧穿了件非常具有中国特色的袍子，袍子很宽松，丝绸质地，上面绣满了精美的刺绣，应该是挂着果实的葡萄藤。慈禧的脖子上围了条蓝缎子饰带，大概 1.5 英寸宽，缀满了珍珠①。她的头上戴着满族的传统头饰，头发非常浓密，可以盖住耳朵。所有头发归拢到脑后，再

① 指满族妇女搭配旗袍穿着的近似围巾的东西，学名“领子”。

北京国子监孔庙正殿

向上梳，盘成个发髻，发髻里插了个绿色玉石质地的裁纸刀似的东西[①]，玉石裁纸刀露在头发外边的末端还装饰了红色丝绸做的假花和蝴蝶，像流苏一样垂在那里。由于居孀的身份，按照中国习俗，慈禧的脸上没有抹太多脂粉。她的目光异常敏锐，特别是当她定气凝神，不向周围乱看的时候，据慈禧自己介绍，她今年已经 68 岁了，不过她的头发还完全都是黑的，这让她看起来比实际年龄年轻得多。慈禧的手指纤细修长，就像很多中国妇女一样，每个指甲都做了繁复的装饰。跟普通中国妇女不一样的地方在于，慈禧的指甲留得非常长，长得令人匪夷所思。为了保护过长的指甲，她右手的无名指和小拇指戴了两个金质的指甲套。通过这两个指甲套的长度判断，她的指甲至少有 3 到 4 英寸长。

向太后表达过敬意后，我们转向她左侧稍稍矮些的座位，光绪帝

① 学名“扁方儿”。

慈禧

就坐在那里。光绪帝的名字叫“载湉（tsai tien）”，不过按照中国人的风俗习惯，直呼别人的名字是不礼貌的，尤其是皇帝的名字，所以也就很少有人知道光绪帝的名字是什么。身为皇帝，光绪帝受到了臣民们的无限恭敬。他每次离开紫禁城上街的时候，老百姓要全部回避，临街的门窗也要关起来，因为就连偷偷看皇帝一眼也是非常严重的罪行。臣民们见到光绪帝时要磕头行礼，标准的程式被称为“三跪九叩”，而且整个行礼过程中，他们的眼睛绝对不能偷瞄皇帝。专属皇帝的东西都有特别的颜色或标志。例如，他吃饭用的瓷盘子、瓷碗都是明黄色的，仅供他一人使用。他的衣服和器具上经常可以看到龙的图案，而且是 5 个爪的龙，其他王公大臣身上的龙形图案则只能有 4 个爪[①]。皇帝的座位别人绝对不能坐，哪怕它刚好空着也不行。大

① 4 个爪的龙形图案一般被称为蟒。

清帝国的每个城镇都设有类似皇帝居所的房间，里面的装饰全部采用明黄颜色，还象征性地设有皇帝的宝座。每年皇帝生日的前 3 天和后 3 天，当地的文武官员都要来到这个房间，对着那张空椅子行三跪九叩礼，就好像皇帝真的坐在那里一样。

光绪画像

皇帝无比威严，然而光绪帝在慈禧太后面前却永远矮上一截子。事实上，我们刚进大殿的时候，要不是有人特意指引，大家几乎就没注意到这位皇帝的存在。光绪帝今年据说已经 36 岁了，不过在我看来，他那样子似乎连 26 岁也不到。光绪帝的眼睛非常漂亮，又黑又大，只是眼神始终透着忧郁。光绪帝的脸基本属于四方形的，额头突出，颧骨很低，脸上的表情非常和蔼。光绪帝身上穿了件深蓝色的丝绸袍子，袍子下摆直达脚面，袖子宽得盖住了双手。这件袍子跟大清官员们常穿的那套官服款式基本一样，只不过衣服上象征官阶的方形图案在皇帝身上变成了圆形的[①]。他头上的帽子带有上卷的帽檐，帽顶上装饰了红色的流苏，帽子后面的玉石翎管里插着花翎，这种帽子同样是只有皇帝才能戴的。光绪帝的脖子上挂了串漂亮的项链[②]，是用绿色的玉石和红色的珊瑚串成的。今天这次会面其实压根儿就没皇帝什么事情，他的任务就是陪着太后坐在那里。如果太后打算去别的宫殿走走，他就也跟在后面走，等太后坐下了，再跟着坐下，座位永远都要摆在低于太后的位置。觐见过程中，光绪帝一言未发。

慈禧太后的身边站了一圈儿宫廷贵妇，处于核心位置的是年轻的叶赫那拉皇后[③]。这位皇后不像她的婆婆那么果决而有威严，见了外人，她的脸色微微有些发红。出现在觐见场合的，还有受慈禧宠爱的庆亲王[④]的女儿。这些宫廷贵妇身穿颜色、图案各异的袍子，还带着众多仆人，形成了一道别致的风景。

觐见过程的核心环节是每位公使女眷依次走过去跟慈禧太后握手。我实在想不出慈禧是从什么地方学会这套西方礼节的？依次握手完毕，慈禧站了起来，通过翻译告诉我们说，待会儿大家将被带到别的宫殿，那里已经准备好了招待宴席。中国传统住宅里每栋房子间都会隔着个院子，距离相对较远。慈禧从宝座上走下来，坐上 12 个太监抬着的黄色肩舆走在最前面，肩舆后头还跟着个太监给她撑着黄色的伞盖。这些太监的主要工作就是在皇宫从事各种服务，人数据说有 3000 人左右。话虽如此，我觉得紫禁城里的太监可能真没那么多。他们都穿着一样的深颜色丝绸长袍，长袍外面还罩着同样也是丝绸材质

---

① 指团龙图案，清代制度规定，只有皇族的正式服装上才能使用团龙图案，普通官员则依照官阶使用图案不同的方形补子。

② 指朝珠。

③ the young empress yehonala，指光绪皇后，她是慈禧弟弟桂祥的女儿。

④ prince Chin，爱新觉罗·奕劻，1838 年 3 月 24 日—1917 年 1 月 29 日，晚清重臣，清朝首任内阁总理大臣，满洲镶蓝旗人，乾隆皇帝曾孙。

的红色或蓝色短褂。太监们依据工作性质分属不同的部门。最高等级的太监负责皇宫的饮食和服装供应，二等太监负责皇帝的保卫工作，三等太监负责照料具体的皇室成员或宫殿，四等太监负责替皇帝选秀女以及在属于皇家的田地上征税，五等太监负责紫禁城的维修工作，六等太监负责在皇室成员外出时替他们净街，七等太监负责依照主人的命令监督、惩罚紫禁城内包括其他太监在内的各色人等。为了节约开支，皇室作出了很多努力，不过紫禁城每天的开销还是大得吓人，太监们在这方面当然难辞其咎。紫禁城里等级最高的太监姓李①，他对大清朝政的影响超过了很多王公大臣。

公使女眷们跟在太后的肩舆后头，前去赴宴。紫禁城临时为我们每人配备了两名宫女，她们负责全程搀扶、陪伴我们。紫禁城每 3 年就要举行一次宫女选拔活动，她们主要来自那些社会地位比较低的旗人家庭，进入紫禁城后当然也很难获得更高的地位。这些宫女长到 25 岁，就要离开紫禁城，回到原来的家里。按照大清帝国的法律，汉族妇女不可能进入紫禁城，所以这个区域里就看不到缠足的女性。这些充当宫女的小姑娘看起来都生活得很愉快，我悄悄问其中一个她们不在皇帝面前服务的时候都做点儿什么，她的回答是“玩儿”。

前往设宴大殿途中，我们参观了一系列房间。这个区域是完全属于女性的，就连慈禧的翻译也是女性，只有光绪帝一个男人可以来到这里。我们首先看到就是专属皇帝的房间，这个房间很大，但光线昏暗，照旧设有配了桌案的宝座，宝座对面还有被称为“炕”的床榻。中国人的床是跟火炉连接在一起的，主体是个砖砌的台子，台子上铺着垫子和被褥。冬天烧火的时候，砖台子就可以被烧热，人睡在上面很暖和。皇帝房间左右两侧的尽头都摆放了安装在黑色木头框子里的大镜子，可整个房间还是显得挺黑，因为这里的窗户全部是那种老式

① 即李莲英。

慈禧与驻华公使女眷合影

的中国纸窗户。慈禧太后的房间相对更加赏心悦目，这个房间有床，还有那种类似沙发，没有靠背和扶手的座位。房间正中摆放着配有木头底座的玉石屏风，靠墙的桌子上有很多西式的小摆设，那应该都是西方皇室赠送的礼物。我们参观的另一处房间应该是皇家的图书馆。这个房间的屋顶上挂了很多装饰着黄色流苏的灯笼，屋子里除了放书的架子，没有别的东西。那些书也都是用黄色饰带捆扎着的。

终于，我们来到了设宴的大殿。眼前的景象令人称奇。在这间按中国审美设计的雕梁画栋的大殿里，居然摆放了西式风格的餐桌和椅子。这显然是出于照顾我们的考虑，尽管这些家具跟周围的环境显得格格不入。餐桌上铺着普通的桌布，为了防止菜汤弄脏桌布，上面又铺了美国产的油布。那张油布是黑色的，印有彩色的花朵图案。桌上摆着若干盘地道的中国菜，但是给客人提供的却是西式的刀叉和勺子，同时也为那些打算尝试下异国风情的客人准备了乌木包银的筷子。每个人的面前还放了条餐巾，餐巾是深色的，中间绣了朵白色的大花。我们吃的菜是中国口味的，酒却是西式的。只可惜，啤酒被错装在了高脚葡萄酒杯里，香槟则被倒在了喝烈酒用的小酒杯里。

虽然慈禧太后本人亲自劝菜，大家还是没吃多少东西，她自己反倒因为陪客的原故，吃了几碗米饭和不少菜，还喝了些奶。宴席过程中，无论公使女眷，还是那些宫廷贵妇，大家都只坐在自己的桌子面前吃喝，唯独慈禧需要在不同的桌子前周旋。慈禧的身后还跟着个仆人，这个人是负责替她端着专用的碟子和筷子的，我们那天用的碟子、盘子也是黄色的，不过上面还有绿色或黑色的龙形图案。那天告辞的时候，慈禧按照中国习俗把我们用过的碗筷、餐巾，还有记载着当天宴席上各种美食名称的菜单送给大家留作纪念。那次宴会，光绪帝照旧坐在低于慈禧太后的位置上，什么也没说，什么也没吃，就是抽了几支西式的香烟，他的皇后也抽了几支，两个人都是一脸享受的表情。

宴会过后，我们排着队被肩舆抬到某处剧场，漫长无聊的大戏就此开始，紫禁城的主人则觉得这样的表演非常有意思。此前被隔绝在女性区域外边的各国公使们此时也加入到看戏的人群中来。我想，他们应该在其他某个地方也受到过跟我们相似的款待了。演出结束，我们被肩舆抬到外面，换乘原来的轿子，各自回家。

我第 2 次见到慈禧是在保定，这个地方距离北京坐火车需要走 7 个小时。我们来到保定主要有两个目的，首先是参观袁世凯在当地开设的一所现代化学校[①]，其次是观看为欢迎慈禧太后、光绪帝、光绪皇后，以及众多王公大臣来到保定而举行的仪式。慈禧等人是在离开西陵（hsiling）返回北京的途中来到保定的，他们前往西陵的目的主

① 应指 1902 年成立的保定军校，中国第 1 所近代陆军学校。

要是为了祭奠几位埋葬在那里已经去世的皇帝，同时还要为光绪帝本人选择合适的墓地。返回北京前，慈禧等人将在保定逗留 1 个星期左右。

据我所知，这是保定首次获得如此巨大的荣耀①。能够亲眼目睹太后真容，老百姓们激动万分。为了方便大家瞻仰皇家威仪，沿街的店铺特地被恩准可以在太后、皇帝等人经过时开着门窗，不过店铺的主人必须跪在门口。按照中国人敬老的美德，所有上了年纪的百姓都被安排在人群最前面的位置，小孩则利用灵便的优势拼命往前钻。

那天天气很热，尘土飞扬，保定的地方官特地为我们这些洋人在路边搭了顶红色的帐篷，还提供了茶水。我看到好几位熟识的地方官都穿了比平时的官服更华丽的衣服。“太后驾临”的谣言传了好几次，他们乘坐的那列火车终于缓缓驶入了车站，军乐队开始奏乐，扛着枪的士兵沿着铁轨站岗警戒。那列火车非常长，机车头上装饰着象征大清帝国的龙旗。紧邻车头的第 1 节车厢由负责驾驶这列火车的法国铁路公司人员占用，他们后面挂着 4 到 5 节特制车厢，这些车厢比普通车厢大，安装了巨大的玻璃窗，外壁全部漆成蓝色。我看到慈禧正坐在第 1 节特制车厢里，扭着脸朝外看，冲着人群微笑致意。火车很快进入车站，看不见了。大家没等多久，慈禧等人就从车站走了出来，准备前往临时安排的行宫，袁世凯手下的士兵穿着深蓝嵌红色的军服为他们提供护卫。道路两旁立了很多旗帜，还有百姓向太后和皇帝表达敬意的“万民伞”。类似这样的“万民伞”每逢重大活动都要出现，它们是圆形的，撑开后挂在那里。伞的上面写满了众多表示美好寓意的语言，伞面本身也有龙形和花朵的刺绣装饰。“万民伞”通常都是丝绸质地的，颜色各不相同，可根据具体环境选择，不过黄色的“万

① 原文如此。实际慈禧在西逃和随后返回北京的途中都曾路过保定，只不过没有长时间正式停留。

民伞”只能用于太后或皇帝出席的场合。

走在队伍最前面的是光绪帝，他的轿子非常快，老百姓还没反应过来，就过去了。皇帝身后跟着一队挎着刀剑的士兵，太后坐着跟皇帝相似的黄色轿子，走在士兵的后面。眼看太后的轿子走了过来，路边站岗的士兵也全部跪下，磕头行礼。这样就为站在士兵身后的我们提供了更好的视线。慈禧显然也看到了我们，赶紧命令停轿子，不过她的命令被周围人群的欢呼声给盖住了，仆人们没听见，所以那顶轿子也就很快消失在了大家的视野里。光绪皇后跟在婆婆后面，她乘坐的是一辆漂亮的轿车。这辆轿车的车篷是黄色丝绸的，拉车骡子身上的挽具也都是黄色的，车轮也做了各种装饰，用于彰显乘客的身份。皇后轿车后面还有一连串普通骡车，里面坐的都是身份相对较低的达官显贵。运行李的车走在最后面，车上的东西都用黄色的苫布遮盖得严严的。队伍走过去以后，我们从路边回了帐篷，却在那里意外遇见了肃亲王，他非常不幸地被马踢了一脚。当时的场面非常混乱，以至于仆人们找不到可以运载受伤亲王的轿子，最后还是我主动把轿子贡献了出来。第 2 天，肃亲王为这点儿事特意派人向我表达谢意。中国人在礼节方面确实要比很多民族认真、繁琐得多。

当天下午，慈禧从行宫传出消息说打算让我过去见见面。陪同我从北京过来的罗素小姐（Miss Russell），也就是已故的阿瑟·罗素勋爵[①]的女儿，也可以参加觐见。罗素小姐当时正和她的母亲还有妹妹在英国驻北京公使馆做客，听说保定有热闹看，就跟我一起过来了。按照约定时间，袁世凯派了两顶绿色的轿子，还有一队士兵过来接我们。慈禧的行宫非常漂亮，是在太后驾临前 1 周才刚刚修缮和布置过的。等在行宫的某个小房间里迎候我们的包括时任直隶总督袁世凯、

① lord Arthur Russell，应指第二代罗素伯爵，他的父亲第一代罗素伯爵是 19 世纪英国首相。

首任外务部尚书王文韶[1]，以及第二任外务部尚书瞿鸿禨[2]，这 3 个人都穿了黄马褂。我们在这个小房间等候了片刻，太后传见。

我们看到她坐在黑色木头雕刻的宝座上，宝座上还放了黄色的坐垫，面前的桌子上照例铺了黄色的绸子。慈禧的背后放了个三扇的木刻屏风，大概有 7 英尺高。光绪帝按老规矩坐在她左侧稍低的位置上，包括皇后在内的一大群宫廷贵妇环绕在他们身边。慈禧首先说了些客套话，向我们表示欢迎，然后走下宝座，把我们带到另一处小房间里，招待大家喝茶。她自己喝茶时往杯子里加了粉色和白色的杏花[3]，还从绿玉质地的糖罐里加了糖。边喝茶，她边跟我们拉家常，同时对我们特意来到保定瞻仰她的风采表示感谢。慈禧的逻辑挺奇怪，她似乎认定我们来保定的目的就是为了向她表达敬意。听说我们当天晚上就打算返回北京，她热情地提出坐她的专列回去，同时还命令一名外务部的官员不但要全程护送我们回到北京，第 2 天还要再坐这趟火车回来，向她报告我们已经安全抵达的消息。

喝完了茶，她又起身把我们带到边上的房间，那里准备好了丰盛的宴席，作陪的只有皇帝和皇后。袁世凯为我们派来的翻译那天工作得非常辛苦，因为每次太后向他说什么话，他都得跪着听完，然后再站起来翻译成英文说给我们听。就这么反复折腾了 1 个多小时，我注意到这位可怜的翻译头上已经见了汗，自己都替他觉得累！用餐完毕，慈禧把我们带到花园游览。走在路上，她亲热地挎住了我的胳膊，还为我们身高间的差异大笑不已。我的身高是 5 英尺 8 英寸，慈禧穿着鞋跟至少 3 英寸高的满族高跟鞋，头顶也才将将到我的肩膀。那个花园的景色美得令人惊叹，中国人非常善于利用自然和人造的东

---

① 咸丰二年进士，晚清重臣，累官至武英殿大学士，他在 1901 年出任过外务部会办大臣。

② 同治年进士，累官至外务部尚书、协办大学士。

③ 原文如此。实际可能是菊花。

西制造美丽的景观，花园小径的两旁不失时机地点缀了山石、宠物鸟、松鼠和猴子，那些宠物鸟的品种都非常稀有。花园里有个小小的湖，湖上架着小桥，湖里还漂着小船。

慈禧明显对这个花园非常满意，我们被带着到处乱转。所到之处都要用黄色的丝绸帷幕围上，周围还要有太监站岗。她坐着 8 个太监抬的黄色肩舆走在最前面，还有个太监跟在后面举着黄色的伞盖遮阳。光绪帝和他的仆人们则走在比我们还靠后的位置！游览途中，我们在一座亭子里稍事休息。那个亭子紧邻着一个小鱼塘，里面养了不少漂亮的金鱼。慈禧坐在亭子里，可以隔着水观赏鱼塘对面戏台上的表演。所幸，那天并没有演戏，大家只是坐在亭子里喝茶、聊天。休息过后，我们又欣赏了各种各样的山石、苍劲的松柏、摇曳的柳林、茂密的爬藤植物，走过曲曲折折的小径，又爬上一座小桥，这才回到原来觐见的房间。

告辞前，慈禧又把我们叫到某个房间里，见识她刚刚安上的电灯！我们只得又在那个房间里待了会儿。太监们侍立左右，那个倒霉的翻译只能始终跪在地上。闲谈中，我无意中发现光绪帝的身体实在非常瘦弱，跟他屁股底下那张大椅子很不般配。他就那么坐在那里，双手放在膝盖上，双脚收得很靠后，一言不发。慈禧这次的谈话更加漫无边际，话题涉及政府、历史和教育等等，总之就是想起什么说什么。她提出的很多问题在西方可能根本不是问题，然而换个地方偏偏就成了问题。最后，我们起身告辞，慈禧从自己手上取下两个玉石戒指，送给我和罗素小姐一人一个留作纪念。

那次觐见过后，我又在次年的中国新年[①]随同各国公使女眷受邀进入紫禁城，见到了慈禧太后。这次的见面过程被我记到了日记里：

---

① 即春节。

觐见过程简单又不失尊严。我们依次走到宝座前面，首先向太后致敬，然后向皇帝致敬，皇帝照旧坐在太后左侧稍低的位置上。他们都跟我们握了手。

正式的见面结束后，慈禧走下宝座，来到我们中间。她带着我们进入一个房间，这里显然是她自己生活的地方。我注意到这间屋子的墙上居然挂着已故维多利亚女王①的照片。大家在这间屋子里聊了会儿，她又带着我们去了准备好宴席的大厅，太后要求我们“不必拘礼，随意用餐”。我们注意到桌子上铺的还是以前那种美国黑色印花油布，菜肴从鲨鱼翅到网球大小的肉丸子，不一而足。众多太监、宫女负责伺候我们，还有两位公主在座陪吃。用餐临近尾声，太后带着皇帝走了进来，分别到我们的桌子上象征性地用专用的黄色瓷碗吃了些米饭。慈禧吃的那点儿饭更是象征性的，碗里剩下的饭菜会被很随意地递给皇帝，后者则要一声不吭地吃完。后来，慈禧又吃了个桔子，也是吃了几瓣，就把剩下的给了皇帝。我随身带的翻译惊奇地看到某位太监取走慈禧留在桌子上的专用碗时，对着这个空碗毕恭毕敬。我向她解释说，这是对碗的主人表示敬意的常见方式。

宴会结束，慈禧把我们带到了她的休息室。太后专用的炕上铺着羊毛垫子，羊毛垫子上铺了层席子，炕的两头儿分别摆放了带有黄色外罩的靠垫。我当时站的位置恰好离这个炕很近，慈禧便邀请我也上炕。我学着慈禧的样子，盘腿坐在炕上的坐垫上。光绪帝后来也坐了上来，这样，我等于就被太后和皇帝夹在了中间。这种情形让人觉得有点儿滑稽。座位有限，其他公使女眷只能站在炕的周围参加谈话，这也意味着我们此次的谈话肯定是非

① 即在位期间多次对中国发动战争的英国维多利亚女王，她死于1901年1月22日，因此作者说是“已故的”。

正式的。

慈禧对我的暖手筒非常感兴趣，也把两只手都伸了进来。她还把自己袍子的下摆有意朝我身上盖了盖，意在显示亲密。这张炕靠墙的位置放了个小条案，上面摆了好几个西方国家生产的座钟。慈禧告诉我们说，这些钟走得都不太准，所以才把它们放在一起，互相矫正。她还告诉我们说，每天晚上睡觉的时候，两名负责侍候她的贴身宫女就在这间屋子的地上搭铺睡觉，另外还有若干名宫女待在外间值班。前些日子，为了迎接即将到来的中国新年，她特意派人给我们送了礼物。慈禧解释说，礼物中的鲜花是象征幸福和长寿的，茶叶可以保证身体健康，那些饽饽[①]都是她本人喜欢的口味。

谈话结束，我们依次从炕上爬了下来。对我来说，从事这样的活动的确有些困难，慈禧友好地伸出双手帮了我一把。太监们再次端上茶来，慈禧喝茶用的是她专属的玉石杯子，还配了纯金的船形托盘。此前我们见过的那些宫廷贵妇照例出席了觐见仪式，也照例穿戴了自己最漂亮的满族服饰。

我在华期间最有意思的经历是在颐和园里跟慈禧非正式地、亲密地待了一整天。颐和园是座皇家园林，位于北京西北方向大概 14 英里的地方。1860 年，当地原有的园林遭到战争破坏。现在的颐和园是在原有基础上重修和扩建的，专属慈禧一人使用。这个地方在 1900 年也曾被联军短期占据，好在并没遭到太严重的破坏。

颐和园的景色非常优美。园子的核心是个湖水碧绿、澄清的大湖，湖里还架设着汉白玉的石桥。这座园林的风格基本属于中国式的，所有建筑物都被建在高于地面的基座上，所有建筑物都是单层

① bon-bon，北京土语对点心的称呼，也泛指各种面食。

的，内部通过黑色木头雕刻的屏风划分为 3 个相对独立的空间。建筑物的基座都是汉白玉的，上面还修建了宽阔的台阶。它们的屋顶都覆盖着黄色或绿色的琉璃瓦，屋顶的翘脚上还装饰了同样材质的龙、凤等小雕像，每个大概有 6 到 8 英寸高[①]。这些雕像据说也跟中国的风水学有关，主要功能是保卫建筑物的安全。支撑屋顶的梁柱全部采用手工彩绘装饰，五颜六色，彩绘内容主要是中国的各种神话传说，龙的图案则反复出现。建筑物的入口处还要适当摆放神怪或鸟兽的雕像，它们的作用是守卫所在的入口。

颐和园万寿山

颐和园的湖边有条绿树成荫的环湖路，可以直通远处山上[②]的佛殿群。1900 年，意大利士兵曾驻扎在这些佛殿里。照理说意大利人是整个欧洲最富有艺术气质的民族，可是这些具有艺术气质的人对颐和园造成的破坏也是最严重的。某座佛殿外部完全覆盖着黄色的琉璃，

① 即吻兽，主要起镇宅、辟邪的作用。
② 指万寿山。

颐和园玉带桥

每块琉璃砖上都雕刻有精致的小佛像[1]。那些意大利士兵居然拿着锤子，把所有手臂可以够到位置的佛像的鼻子甚至脑袋都给敲掉了。他们这么做究竟出于什么目的，我不敢妄加揣测，不过由此造成的损失却是无法弥补的，也是损人不利己的。

我和慈禧互相挽着胳膊，在颐和园里足足转悠了一个下午，她不时停下来指引我看那些漂亮的花朵或者湖上的美景。她这么做的时候就跟那些得意洋洋地向客人展示自家花园的西方主妇没什么区别。沿

① 应指万寿山佛香阁。

着湖边小路，我们登上了一条完全用石头做成的船①。慈禧习惯跟她的那些女伴们在这里喝茶，度过炎热的夏日午后。告别石头船，我们又去了其他地方。我对颐和园的感觉是它非常漂亮，却缺乏条理。比如，颐和园里的牡丹非常多，却种得非常分散，这样就失去了那种令人震惊的气势。相比之下，颐和园的树木更值得称道，它们不但提供了大片绿荫，还阻挡了北京恼人的风沙。顺便说下，这个下午慈禧带着我四处转悠，始终处于喋喋不休的状态。光绪帝则带着众多公主、大臣、太监、宫女跟在后头，始终一言不发。

后来，我们到了一个可以俯视全湖的地方。这个地方有棵巨大的松树可以提供阴凉，松树下面已经提前铺了毯子，安放了宝座。慈禧太后走到宝座前坐下，众多贵妇自觉聚拢到她的身边。我则坐在宝座旁边的普通椅子上听着她们闲聊，虽然什么也没听懂。坐在那里，遥想中国悠久的历史，在看看身边好客的女主人，我感觉非常惬意。

第七章　宫廷贵妇

有天，我们在英国公使馆举办大型午餐会，专门招待大清皇室的几位公主。这次午餐会没有邀请任何男性参加，属于纯粹的“女性时间”。午餐会被安排在公使馆的餐厅，我作为女主人坐在餐厅正面墙上的维多利亚女王巨幅画像下面，跟对方的主宾，慈禧太后的养女，已故恭亲王的女儿②颇有感慨地谈论着若干年来世事的变迁。

公主的父亲恭亲王是咸丰帝的弟弟，多年来主持大清帝国的外交事务。公主很小的时候就被咸丰帝过继，同时被授予“固伦公主③”的头衔，位列大清皇室等级最高的公主行列。公主小的时候就被许配

① 指颐和园石舫。

② 恭亲王奕䜣的长女，荣寿固伦公主，她从小颇得慈禧宠爱，在紫禁城内长大，因此作者有“慈禧养女”的说法。

③ kulun kungchu，这个称号一般只授予皇后本人所生的女儿。

给了咸丰帝手下军机大臣景寿[①]的儿子，只可惜，那位新郎还没来得及长大，就早早地去世了[②]。公主因此成了寡妇，按照中国习俗，她的脸从此不再涂抹胭脂。来宾中地位仅次于固伦公主的是顺承王妃[③]，她的丈夫位列大清帝国八大铁帽子王之一。来宾中的第3位公主是载振王妃（princess tsai chen），她嫁给了庆亲王的儿子载振[④]。庆亲王继恭亲王之后主持大清帝国的外交工作，载振则在1902年前往英国参加了新任英王[⑤]的加冕仪式。除了这3位公主，来宾还包括庆亲王的3个女儿。其中最年长的女儿是个寡妇，被称为“多罗格格（ta ehr ko ko）”，属于大清皇室第2等级的公主[⑥]，还有个女儿应该是慈禧侄子的妻子[⑦]。

午餐会的时间定在中午12点30分，固伦公主准时到达。我按照礼节站在公使馆大门的台阶下面，看着她下轿子，然后立刻过去握手。固伦公主坐的是专属皇帝、太后等人的黄色轿子。据我所知，公主在皇室内部非常得宠，任何王公大臣在街上遇到她的车轿，不但要立刻让路，本人还得马上跪在路边表示敬意。固伦公主抵达不久，顺承王妃也到了，我们3个人携手走进公使馆喝茶等候其他客人。来宾陆续到齐，午餐会随即开始。

那应该是我经历过的最令人眼花缭乱的午餐会。公主们头上插满了花朵和首饰，身上穿了华丽的长袍，令公使馆的餐厅蓬荜生辉，就连她们仆人身上的蓝色短褂和红色丝绸长袍似乎也为这间屋子增添了

---

① ching shou，富察・景寿，满洲镶黄旗人，道光帝的女婿，他的儿子志锐是荣寿固伦公主的丈夫。

② 此处说法不准确，其实是两人结婚5年后去世的。

③ princess shun cheng，多罗顺承质郡王爱新觉罗・讷勒赫，即第15代顺承郡王的福晋。

④ 即爱新觉罗・载振，他的福晋是叶赫那拉・那桐的女儿。

⑤ 维多利亚女王之子，1901—1910年在位。

⑥ 清代皇室女儿分8个等级，多罗格格其实为第4或第5等。

⑦ 庆亲王有个女儿嫁给了慈禧弟弟桂祥的儿子。

光彩。那天吃的是西餐，来宾对使用刀叉和勺子吃饭显得兴致勃勃。有些女士不善于使用这些餐具，最后还是换成了她们熟悉的筷子。公使馆餐厅使用的餐具是纯银的，擦得非常亮，当这些女士看见自己的影像出现在亮晶晶的勺子上时，居然孩子气地嬉笑了起来。最让我惊奇的是，她们当中居然有人可以用西方科学原理解释这种现象，还能讲给她的同伴们听。

满族宫女

用餐过后，我们吸烟、喝咖啡，聆听院子里罗伯特·赫德爵士组建的乐队演奏音乐。这些演奏西洋乐器的乐手全部是中国人。看见自己的同胞能够灵巧地摆弄西方乐器，公主们明显来了兴致。可以肯定的是，她们离开公使馆后肯定向慈禧报告了这件新鲜事。没过多久，这支乐队就被邀请进入紫禁城演奏，而且足足在里面待了 4 天。需要说明的是，教会中国人演奏西方乐器其实并不容易，因为他们的传统

清代满族贵妇

音乐只有 5 个音[1]，而西方音乐有 7 个音。

来宾们开心得跟小孩子一样。她们的年龄其实真的也不大，除了固伦公主，其他人都不超过 25 岁。这些女士在公使馆里来回溜达，查看各种新鲜东西。钢琴受到了特别关注，她们亲手敲响琴键，观察这个东西到底是怎么发出声音来的。我们的服装和发型也遭到了女士们的仔细品评。后来，女士们意识到自己应该适当补补妆、换换衣服了。我指引女仆把她们带到了我的房间，这些女士带着探险的表情上了楼。楼上的新鲜东西显然进一步激发了她们的性质，补妆、换衣服的过程始终伴随着嬉闹声。下午茶时间到了，这些女士再次走进餐厅。我注意到有人喝茶时悄悄把茶点藏进了宽大的袖子里，而且也猜到她们是打算把这些东西带回去给太后尝尝，于是赶紧命令厨房多拿

① 即宫商角徵羽五音。

些点心打包给客人带走。慈禧最终吃没吃这些点心我不知道，反正它们肯定是没有被浪费掉的。

客人们告辞时的情形可谓壮观，光伺候她们的仆人就有 161 名，这些人手忙脚乱。最先离开的是固伦公主的轿子，其他客人则根据自己的身份高低依次乘坐骡子拉的轿车离开。轿车外观的装饰反映了主人的身份，就连骡子身上的挽具也根据主人等级的不同，分为金黄、紫色和红色 3 种颜色。每名客人都贴身带了 2 个太监，除了老妈子，太监是唯一有资格搀扶她们的人。固伦公主的黄色轿子走在最前面，后面跟着一长串轿车，还有大量的仆人，浩浩荡荡地出了公使馆的大门。

不管按中国的礼节，还是西方的礼节，这次午餐会后，我都应该去那些女士家里回拜，可是左等右等也没有相关信息，公使馆只好正式照会外务部询问情况。外务部的答复是庆亲王的妻子将出面邀请我到家里做客，又经过反复协商，做客的时间最终确定。受到邀请的只有我本人，还有我的私人翻译。我的翻译是标准的英国女性，不过已经在北京生活了多年，中国话说得跟中国人一样地道。

做客那天，我们乘坐 4 人抬的轿子离开公使馆，跟随我们的有 4 名男性听差，以及 2 位女性仆人，也就是“老妈子”。前往庆亲王府邸的路程总共耗费了 45 分钟，亲王的儿子载振在门口迎候我们。前面说过，他的妻子曾去公使馆做过客。载振的身后站着庆亲王的 4 位妻子，这些女士为亲王生了很多孩子。我们被带到一间大厅里，这间大厅的地面上铺着石板，整个大厅被黑色木头的隔扇分为 3 个独立的空间，互相通过隔扇上的拱门相连。大殿的窗户是中国传统的纸窗户，温度宜人，却看不见炉子之类的东西。我猜肯定在别的地方有炉子为这个房间供暖。大厅中间摆了张方桌，桌子上已经放了茶水、点心和水果，桌子周围摆放着沉重的黑色的木头椅子，我的座位被安排在庆亲王两位等级比较高的妻子中间。载振非常得意地向我们介绍他的两个儿子，这两个男孩一个 6 岁、一个 7 岁。我们聊天、喝茶的过程中，他们就在旁边的地板上玩耍，一大群太监、保姆负责照顾他们。这些人趁机打量我们这两个洋鬼子，时不时地发出窃笑声。顺便说下，中国人对待仆人的态度往往比西方人宽厚得多，他们被视为家庭成员的一部分，经常可以陪伴主人出席某些场合。

载振

我跟庆亲王妻子们的交谈自然离不开家长里短，大家都对对方的穿着打扮特别感兴趣。她们试着戴了我的手套，我也审视了她们身上的每件珠宝；她们羡慕我的白皮肤，我艳羡她们纤细的手指。相比西方女性，中国女性的手确实要好看不少，手指又细又长，指甲还是杏仁形状的。

喝了会儿茶，聊了会儿天，庆亲王的妻子们提议带我在府邸里四处转转，我和翻译愉快地接受了邀请。庆亲王的某位妻子拉着我的手，带着大伙穿过一座又一座庭院，进入另一座建筑当中。庆亲王本人正在那里迎候我们，他接替妻子们继续跟我闲聊，亲王的众多姬妾、子女，还有孙子、孙女也都出来见了面。这次会面以前，我虽然在觐见慈禧的场合多次见过庆亲王，不过这种面对面的谈话还是第1次。庆亲王是个风趣、睿智的人，只不过他在国际上的知名度没那么高。这位亲王的胡子非常浓密，下巴上留着山羊胡，嘴唇上还留着八字胡。他的眼睛黑亮亮的，目光犀利。他的身体看起来还不错。据说，由于觐见慈禧时需要长时间跪在冰冷的石头地上，这位亲王患有严重的肌肉劳损。他用于接待我们的这件房间摆放了不少中国的古董，瓷器、玉器、珐琅器什么的。我对这些东西非常感兴趣，可亲王的妻子们却一个劲儿地招呼我看她们认为很有意思的西洋玩意儿。

告辞时，亲王送了两张他女儿的相片给我，还亲手用毛笔把她们的名字写在了空白处。他的家人一直把我送到了大门的门道里。我回身向他们告别，只见他们身上华丽的服饰在古朴的大门映衬下显得更加斑斓绚丽。

第八章　帝国皇陵

北京周边几天路程的范围里至少有3处皇家陵寝。这些陵墓本身的建筑异常奢华，所在的位置也山清水秀。这3处陵寝分别是明陵①，也就是明朝皇帝的陵寝，还有清西陵和东陵。我们依次都参观过。

首先去的是明陵。这次游览的内容除了明朝皇帝的陵墓，还包括位于西山的3座庙宇，以及南口的长城。9月14日②，我们雇佣了两匹马连同两个马夫，一个厨子，一个仆人，还有负责挑行李的挑夫，这些人每天晚上都在我们那3辆轿车里睡觉。旅行的第一天夜里，我

① 即十三陵。

② 参照上下文内容，应指1902年9月14日。

们在碧云寺[1]过夜。这个白天，我们始终在田野里行进，满眼看到的都是绿色的庄稼。有时候，我们需要沿着小路，从比人头还高的谷子地里穿行过去。中国北方不适合种植水稻，除了谷子，我们还看见了芝麻、荞麦、白薯、花生、烟草和玉米。这年的冬小麦和黑麦收成非常不好，农民只能寄希望于从这些庄稼身上得到弥补。我们在碧云寺居住的那个房间就是中国寺庙里常见的普通僧房。我那个屋子的地是泥地，没有地板，窗户是纸的，还破了，除了桌椅外，再没有任何家具。最有意思的是屋子里那张砖炕。这个炕非常大，占据了半个屋子，三面都顶到墙。我小心翼翼地爬上炕，找了条床单把破损的窗户遮上，这才感觉安心了些。旅行中不可能有那么多讲究，通常来说，带张行军床，带上橡胶浴盆和脸盆，带面镜子，再带点儿换洗衣服什么的也就够了。厨子肯定是要带着的，因为中国的很多地方除了新鲜水果，几乎买不到现成的食物。中国人做饭习惯使用"灶"这种东西。灶就是在地上用砖石和泥浆砌的中空台子，台子上有两个大洞，洞口用铁圈箍住，可以放锅。凭着这样的灶，中国的厨师可以做出最美味的菜肴。

就寝前，我们在寺庙里转了转，参观了各种各样的佛像。在某处小佛殿的墙上，我们看到了用整块木板雕刻，还涂了油彩的宗教画。这样的木板有两块，分别挂在两面墙上，大概有 18 英寸高，盖住了整面墙，一块表现了地狱，一块表现了天堂，看上去极具震撼力。我在中国其他寺庙里从没见过这样的东西。碧云寺最明显的地标就是这附近山头儿上一连串的塔，这些塔的模样都差不多，可是一座比一座修建的位置高。碧云寺还有一处温泉，温泉所处的庭院满是龙和其他各种神兽的雕像。这个庭院的门洞是圆形的，大门由一位自然界的"怪胎"守卫着。那是棵巨大的银杏树，老得看不出年龄。它可能是

① bi yun ssu，北京香山附近。

被闪电劈成了两半，然后就长出了两棵看似独立的树。更令人叫绝的是，在这两个半棵树中间又长了棵雪松和小的银杏树，而且枝繁叶茂。这处庭院的地上长满了蕨类植物，还有长春花，空气显得有些湿冷。院子里有两个水色发暗的小湖，湖上架着汉白玉的石桥。

碧云寺的后面是个皇家猎场，周围都有高高的石墙，想要进去非常困难，不过却可以站在附近的山顶上朝里面眺望。据我所知，光绪帝从未来过这片猎场，它目前基本处于闲置的状态。这位皇帝不像他的祖先那样热衷四处闲逛，每年除了去皇陵祭祀，几乎从不踏出紫禁城的大门。

碧云寺

第 2 天早上，我们给碧云寺的和尚留了 5 块银元的香火钱，又开始了旅行。下个目的地是大觉寺[①]。这天中午，我们首先在一个名叫

① ta chih ssu，又称西山大觉寺，始建于辽，位于今北京市海淀区阳台山。

“黑龙潭[①]”的地方吃饭休息。这个地方的得名是因为山上有个湖。这个湖周围被群山环绕，阳光直射不到，因此水色发黑。周围的大树把枝叶垂到湖面上，整个树身也倒映在湖水中。山间有小路可以直通水边。据当地人说，这个湖里住了条龙，偶尔就要上岸吃人，还专吃洋人！当地人还说，这个湖里生长着不少甲鱼，有的甲鱼有毒，有的甲鱼则无毒，可以食用。之所以出现这样的情况，是因为有些甲鱼是从水蛇变过来的，那些蛇本身就有毒。鉴别有毒甲鱼和无毒甲鱼的方法是看脖子，脖子特别长的甲鱼就是水蛇变的，吃了就能毒死人。脖子短的甲鱼不但吃不死人，还大补！

大觉寺位于某处山顶，规模很大，但缺少很多小庙具有的灵性和神秘感。我们穿过广阔的庄稼地和野地，走过成片的柿子树和白杨树，沿着石头阶梯爬山进入寺庙参观。当天夜里，我们就在寺庙所在的山脚下找了户农家，住了下来。夜里的月亮很圆，不过后来月光就被山顶上的寺庙给挡住了，寺庙的影子从山上直接投射到我们所在的院子里。

离开大觉寺，我们去了南口。这个地方是北京周围山脉的一个缺口，附近山上的长城一眼望不到头。我们在当地的旅店居住了两个晚上，这家旅店跟多数中国旅店大同小异，比较有特色的地方是为房客提供了某些西式家具，比如可以折叠的躺椅。旅店所在地住满了各种卖苦力的人，还有成群的牛羊，白天显得比较吵闹，入夜后才逐渐安静下来，除了骡子的叫声，什么也听不见。旅馆的院子里停满了轿车。这些轿车都没套牲口，凭借支架保持平衡停在那里。轿车和轿车间的空隙还停了些小贩的手推车，主要是卖馒头和甜肉的。旅店老板

---

① hei lung tan，北京有 3 个黑龙潭，目前知名度最高的是密云黑龙潭，房山也有黑龙潭，作者去的是位于海淀寿安山的黑龙潭，距离北京市区 30 公里。海淀黑龙潭附近修有龙王庙，还有康熙和乾隆的御制碑，清代时的知名度远高于另外两个黑龙潭。

的个子很高，习惯光着膀子，下身穿的那条裤子也要把裤腿挽到膝盖以上。

北京城外的骡马店

中国的长城最早是由始皇帝下令修建的。这位皇帝在公元前221年统一了中国，为了防备来自北方游牧民族的侵袭，他提出了这项人类历史上的伟大工程。长城的总长在1400英里左右，平均宽度20英尺，宽度22英尺。长城蜿蜒曲折，时而爬上5000英尺的山顶，时而深入幽深的峡谷，时而绕过沟壑，时而又从激流上直接跨了过去。每隔100码左右的距离，长城上就要修起一座邸楼，以供士兵驻扎。长城的城墙采用夹层结构，外表是砖，中间填充石头和泥土。现在的长城多数成了废墟，已经面目全非。我们游览的地点是两条长城的交叉点。前往这个交叉点的路不太好走，但骑马还是可以勉强通过。越往前走，地势越高，好像一直能走到天上去。路的两侧盛开着各种野花，悬崖、巨石上还长满了苔藓。行进途中，我们还看到了骑马或步行放牧猪、牛、马等牲畜的蒙古族牧人。

长城

游览过长城后，我们又在南口的旅店睡了一夜，然后就去了明陵，这个地方位于距离南口 10 英里远的巍峨群山当中。明陵埋葬了从 1368 年到 1644 年在位的 13 位明朝皇帝，明朝的开国皇帝则埋葬在南京。这些皇帝陵墓的模式大同小异，最著名的永乐大帝的陵墓是其中最宏伟的。通往陵墓的道路两侧成对摆放着各种人物和怪兽的雕像，每对雕像间隔 100 码。最先看到的是两只蹲着的狮子，然后又是两只站着的狮子，再往后是两只跪着的狮子，狮子后面还有骆驼和大象，这些雕像大概都在 13 英尺高左右。其中的有些雕像比较粗糙，有些则栩栩如生，甚至吓坏了我的马。当初用于雕刻这些雕像的石头重量起码得有三四吨的样子，它们应该是在采石场被就地刻好，然后再运到这个地方的。

永乐大帝的安息之地长满了树木，树木掩映中的是一处铺了石头地面的墓园，整个墓园被顶部铺了黄琉璃瓦的红色高墙围了起来，地面上杂草丛生。陵园入口的台阶是汉白玉的，台阶的栏杆上装饰了令人眼花缭乱的龙凤等雕刻图案。进入墓园，首先看到昭示皇帝姓名和功绩的巨大石碑。石碑后面的大殿大得超乎想象，恐怕可以容纳足足一个团的人。大殿的屋顶由 24 根巨大的立柱支撑，这些立柱当初都是整棵的大树。大殿后面立着巨大的土山，土山下面埋葬着去世的皇帝。据当地人说，陵墓建好时会预留通道等待它的主人。皇帝的灵柩通过这条通道运进陵墓后，通道就会被泥土和砖石彻底封死，通道入口的具体位置将成为永久的谜，以防盗墓现象的发生。

永乐大帝宏伟的陵墓让人不禁联想到这个国家曾经的辉煌。现在，陵墓几乎处于废弃的状态，墓园里的很多建筑都成了废墟，屋顶上的黄色琉璃瓦扔得到处都是，红色的高墙倒塌、开裂，大殿内不但落满灰尘，还遍地野草。只有当年种下的那些树木依然长青，伸展着枝叶守护着皇帝的安宁。

清西陵是个很少能被洋人造访的地方，因为这个地方距离北京比较远，也不在知名度非常高的长城附近。为了前往西陵，我们在西山的环抱中足足跋涉了一天，饱览了各种美景。下午 5 点，大家又累又饿，于是就停下住宿。我们在当地住宿的地点是所现代学校，学校里有几位中国老师能说英语，还懂得一点儿西方科学。遗憾的是，由于

十三陵

十三陵雕像

昨天下了大雨，山洪泛滥，我们的辎重没能及时跟上，所以当晚的休息就只能勉强凑合。在没有枕头、被子和褥子的情况下睡在砖砌的炕上，那是非常痛苦的。所幸，第 2 天早上 7 点，辎重总算追了上来，我们起床时不但得到了换洗衣服，还吃了顿像样的早饭。

这天，我们没走多远就到了西陵。西陵与其说是个陵墓，还不如说是个面积非常大的公园。西陵的纵深大概有好几英里，这么大的面积完全被高墙围住，里面古木参天。负责守护这个陵园的有 8 支部队，全部是满族人，他们的使命就是住在这里，世世代代充当守墓人。接待我们住宿的主人是这些部队里级别比较高的军官，他家的条件在当地算是很不错的。西陵总共有 6 座陵墓，这些陵墓的模式跟明陵简直如出一辙。区别在于，西陵是有人看守而且不断得到维护的，所以没有明陵那么破败。

通往陵墓的道路照旧由石头雕像守护着。我们连续穿过五道拱门，来到记载皇帝生平的石碑面前，这块石碑的作用就相当于西方人的墓碑。绕过石碑，我们登上三孔的汉白玉石桥跨过环绕墓园的护城河，来到墓园大门的外面。墓园大门总共有 3 个门洞，左右两侧的小门洞里放着供桌，一张供桌上摆了茶水、牛奶之类的东西，另一张供桌上是水果和点心什么的。我们进入中间的门洞，连续穿过三道大门，来到了被红色高墙围住的墓园内部。首先映入眼帘的这个院子有左右两栋建筑，其中一栋建筑用于给墓主人上供，供品随即就可以在建筑内部装饰黄色琉璃的炉子里烧掉，另一栋是在上供的同时容留和尚念经用的。院子正中正对大门的建筑几乎是空的，里面只有两个空着的巨大红色宝座，宝座前面放了桌子，后面挂了从屋顶垂下来的黄色幛子。这两个宝座是供死去的皇帝和皇后的灵魂使用的。距离这两个宝座不远，稍稍靠下的位置，还有个规模相对小些的宝座，那是供有幸被埋在这个墓园里的皇帝妃子的灵魂使用的。与皇帝、皇后不同，妃子的坟墓只能使用绿色的琉璃瓦装饰。每次祭祀活动时，墓主人的灵位就要被摆到相应的宝座上，前来祭祀的皇帝或皇帝代表就要冲着这些宝座下跪、磕头，大殿正中象征死去皇帝的宝座周围摆放了些动物形状的青铜香炉，当时正焚着香，大殿里烟气缭绕。

第一个院子后面那个院子的地势比第一个院子要高，周围有独立的高墙环绕，这个地方才是皇帝真正的坟墓所在。坟墓的主体是个大土山，土山外面覆盖了砖石，土山前面立着巨大的石碑，石碑顶上有黄色琉璃瓦的重檐。从院子大门到石碑有道路相通，不过钉有铜锭的巨大木质院门是被紧紧锁住的，我们不被允许进入这个院子。跟这个墓园不同的是，有些墓园不但可以随意进入，甚至还允许我们爬到坟墓的顶上，眺望整个西陵。据我所知，西陵埋葬的是雍正、嘉庆、道光三位皇帝和他们的皇后，目前正在执政的光绪帝将来也要埋在这里。他的陵墓已经竣工，就连石碑都立好了，只是还没刻字。

大清帝国还有几位皇帝和皇后，以及众多妃子被埋在一个叫“东陵（tung ling）”的地方。我个人认为，东陵各方面的条件是三处皇陵中最好的，虽然很多人对此持不同意见。

秋天是中国北方最美好的季节，这个季节晚上有点儿冷，可白天不热，又不像春天那么多风沙，或者夏天那么多雨。我们就是在秋天游览的东陵。东陵位于距北京 80 英里的群山当中，我们坐火车来到通州，与提前几天出发，走陆路来到这里的仆人和辎重会合。驻守通州的将军马玉昆①得知我们即将去东陵游览的消息，特意派了 4 名骑兵沿途护送。这些骑兵身穿亮蓝色带镶边的制服，枪斜挎在肩膀上，胯下骑的全是白马，为我们的旅行提供了一抹亮色。旅行途中，我们的队伍连续引起骚动，男女老少都跑出来看“洋鬼子”。当天晚上，

① 安徽亳州人，靠镇压捻军起家，这个人和他手下的部队在清军当中战斗力是比较强的，甲午战争和庚子国变时都有不错的表现，慈禧西行时曾率军护送。

我们在某处省一级的学校里住宿。这个学校主要是举办地方的科举考试用的，每月好像只办公一天。学校的宿舍条件不太好，可是很干净，最主要的问题是没有厨房。所幸，我们出色的厨子没用多长时间就在地上用砖头砌了个灶，仆人则从周围的村子搞到了煤炭、木头和清水。天刚擦黑，我们就在学校的某个小房间里吃上了热饭。月光从树梢上照下来，在我们的身上留下了长长的影子。

外面的街上非常热闹，因为今天是中国的中秋节。这个节日的起源大概是说很久以前的某位皇帝得到了某种仙药，吃下去就能长生不老。这位皇帝非常不小心，随手就把仙药放在了桌子上，然后就出去了。他的侍女溜进来看见仙药，偷偷吃了下去。皇帝回来发现仙药被偷吃了，生气地下令处死侍女。侍女听到风声，抱着她的宠物兔子逃跑了。仙药当时已经发生了作用，所以逃跑途中她很容易地就飞到了月亮上，从此就住在了那里。正是由于这个原因，中国人认为月亮上的那块阴影就是兔子脸的形状，我们西方人则认为这块阴影是个人脸的形状。为了纪念侍女和她的兔子，中国人开始过中秋节。[①]

第 2 天，当我们沿着庞庄[②]的大路向蓟州[③]前进时，发现路两边都是售卖各种货品的商贩，其中最常见的是水果和蔬菜。商贩们的摊位都搭着棚子，以防阳光把货品晒坏，这些棚子连成了片，以至于我们骑马都无法通行。负责护送的骑兵只得强行开出一条路来。我们在这个村子里还遇到了一个个子非常矮的人，他那身穿戴非常有特点，只可惜当时没能停下给他照相。当天晚上，我们在蓟州过夜。这座小城拥有年代非常久远的厚实城墙，城门洞被水果商贩和他们的顾客堵得严严实实。当地的旅店还算不错。来到旅店的院子里，我们看见空地

① 作者讲的是后羿和嫦娥的故事。

② pang chun，按作者路线推测应指庞各庄。

③ chichow，今天津蓟县。

上一边晾着高粱，一边晾着玉米，就跟金色的地毯一样。院子的尽头还有菜地，种着各种美味的蔬菜。我们就坐在院子里的老树下面吃了晚饭。

马兰峪①是我们此行抵达的最远点。途中，我们还遇到个游方的僧人。所谓“游方”，就是没目的地到处走，这也是佛教的一种修行。僧人一手托着紫色的陶钵，一手拿着禅杖，禅杖的主要作用是随时掩埋路上无主的尸骨。僧人非常消瘦，脚上蹬着白色的长袜子，身上穿着灰色的袍子，脖子上挂着黑色的念珠。类似这样的游方僧人在中国大致可以分成两类，一类是没有明确目的到处旅行的，另一类则像我们的新朋友这样，由等级更高的僧人指定，每年定期前往某些寺庙学习。这对他们来说也是一种修行，或者说苦行。僧人需要经历的苦行有多种形式，比如把手伸进热油锅或者在头顶烧香（由此带来的神圣印记几乎在所有僧人头上都可以看到）等等。能够顺利承受住这些痛苦的僧人就将被授予红色的法衣②、用于乞讨的紫色陶钵，还有僧人的身份证明③。凭借身份证明，僧人可以在任何寺院里每天吃两顿饭④，免费住宿，与此同时僧人也需要向所在寺院履行相应的义务。

那天中午，我们在当地村子的某户富裕人家吃午饭。这个人对我们的来访显然很高兴，他详细地研究了我们的行李，观看了我们吃午饭的过程，还通过翻译跟我们聊了聊。后来，他的儿子走了进来。这位年轻人能说英语，他自我介绍说是英国驻天津领事馆的书记官。那位父亲站在旁边看着，脸上满是得意的表情。说实话，这位年轻人的英语实在不怎么样，因为他当初的英语老师居然是个日本人，而且他还把很多英语单词的发音作了中国化的改造！好在我们还可以结合他

---

① 位于河北省遵化市，也就是清东陵西北 23 公里的蓟县、遵化、兴隆、三县交界处。
② 指袈裟。
③ 指度牒。
④ 严格遵守戒律的僧人讲究过午不食，每天只吃早饭和午饭，这就是所谓的“持斋”。

的表情，猜着跟他对话。

午饭后，我提出拜见拜见这户人家的女主人，男主人爽快地答应了。我被带着穿过很多道院子，来到住宅的最深处，看到了那个人的妻子和女儿，他们对我的来访也很高兴。这户人家是满族人，所以家里的女眷都没有缠足。她们身上穿的是满族妇女代表性的服装，蓝色棉布的裤子非常宽大，大袖口袍子的下摆直到膝盖。我们从天气入手开始聊天，谈到了各自的年龄（这在中国是合乎礼貌的），品评了对方的衣服。我告诉她们自己从哪儿来，要到哪儿去。谈话过程中，女主人热情地请我喝茶，我则按照中国的礼节向她们致谢。

当天下午，我们看到一幕非常悲惨的景象。某位年轻女士正趴在田野里的土堆前放声痛哭，那个声音大得我们离得老远就能听见。当我们走近时，发现她正在用双手不停地捶打胸部。两个男孩正站在她身后，试图安慰这位女士，同时又把眼睛死死地盯在土堆前面摆着的水果、点心和酒上面。我原以为这位女士身体有什么不舒服，后来才闹明白她是在祭奠某个死去的人。那些食物名义上是为死者准备的，最后其实还要被活着的人吃掉。

来到马兰峪以后，我们在一座寺庙里安营扎寨。这座寺庙位于村子外面的山顶上。住下没多久，分别姓贵[①]和蔡[②]的两名高级军官风风火火地赶了来。军官们是负责守卫东陵的，他们告诉我们说，清廷已经发来了不允许我们进入陵区参观的指示，只不过由于中秋节的缘故，这个消息才刚刚送到。为了缓和气氛，军官们邀请我们去当地官方的驿站休息，我们谢绝了他们的好意。军官们随后又说，按照中国礼节，为了欢迎贵客，他们将在这天晚上 6 点送来一桌酒席，他们自己还有另外 4 名下级军官将陪同我们进餐。

① kwei 音，具体身份不详。
② tsai 音，具体身份不详。

军官们没有食言。下午 4 点，就有 6 名厨子来到庙里，动手准备总共有 54 道菜的宴席。54 这个数字代表了当地人款待贵客的最高规格。那顿饭足足吃了两个钟头，这可能是我来到这个国家以后吃过的最地道的中国宴席。两位军官告诉我说，我的确也是他们见到的第 1 个洋人。通过他们不停打量我的眼神判断，这两位军官没说假话。姓贵的那个军官好像不怎么会笑，也不太爱说话，就是盯着我看。后来，我随口提出要求说打算去拜会他家的女眷。姓贵的军官着实吓了一大跳，赶紧说了很多推脱的话。姓蔡的军官明显对我丈夫更感兴趣，盯着他看了半天，还通过翻译对我们说他觉得我丈夫的脸长得非常有意思。按中国人的标准来说，我们吃的这顿饭水平不低，菜谱包括鸟巢①汤、鲨鱼翅，还有百年陈的蛋②等稀有美味。

宴会结束，军官的仆人们也都找各种借口挤到屋子里来看热闹。我们给军官们展示了些牌技。负责做饭的厨子似乎最先看出了其中的门道儿，不停地趴在主人耳边小声嘀咕。后来，我们抽出扑克牌里的国王和王后，送给两位军官留作纪念。军官们告辞时，我的丈夫按中国礼节把他们送到寺庙的大门外。他们临走前约定第 2 天上午 9 点带着我们在附近转转。

我们第 2 天上午转得非常开心，因为东陵的景色异常优美。这片墓地的样子跟明陵和西陵都差不多，这里没必要浪费笔墨。值得一提的是，慈禧太后也把自己未来的墓地选在了这里！过去 30 年当中，慈禧的墓地始终都在建设当中，规模只比她的丈夫咸丰帝稍小一些。1902 年，慈禧来到自己的墓地视察，下令将某些设施推到重建。这样一来，墓地的规模又被大大提升了起来。这个墓地现在才刚刚竣工，相关费用已经高达 600 万两白银，也就是大概 80 万英镑的水平。慈

---

① 指燕窝。

② 原文为 hundred-year eggs，可能指皮蛋。

禧太后现在也是位高龄的老人了，说不定哪天就要被埋进这座坟墓。她离开人世后，谁又将主宰大清帝国的命运呢？这个人是那位孱弱的光绪皇帝吗？

结　语

眼下，我已经在中国生活了两年，即将告别这个国家。这段经历带来的感受称得上五味杂陈，却是独一无二的。如果一切可以重来，我依然会选择来到中国。随着驻留这个国家时间的日益增长，我对它的了解也越来越深。这个国家现在面临着严重的问题，正处于历史的关键时刻，谁也说不好它将会走向何方。我们这代人目击了东西方文明的碰撞，墨西哥、秘鲁、印度以及很多中亚和非洲国家纷纷沦为西方世界的殖民地，中国虽然在这个过程中被碰得头破血流，却避免了这样的命运。现在的中国处于列强包围当中，列强各有各的利益诉求。清廷试图御敌于国门之外，然而大清军队的衰弱却让这样的行动一次次沦为泡影。

大清帝国的衰落主要有两个原因，首先是皇帝中央政权的无力，其次是各级地方官员的腐败。正如前面所说，总督和巡抚们的权力在自己的管辖范围内几乎是不受制约的，很多人因此胡作非为，贪污受贿成了被默许的行为。正如罗伯特·赫德爵士所说，腐败已经成了大清帝国的痼疾，由此造成的损害是无法估量的。例如，法官断案时可以根据所收贿赂的多少颠倒黑白，地方官为了中饱私囊任意增加税款额度，军官们明目张胆地吃空饷，很多人通过食盐和鸦片生意大发其财。

内部腐败再加上外有强敌，大清帝国急需一场剧烈的变革走出困境。重病还需猛药治，这场变革必须来得迅速和彻底。中国人是个优秀的民族，只要条件合适，他们就将创造出与西方世界比肩的现代文明。这个国家眼下正处在命运的三岔路口上，如果错失良机，就可能仍需在黑暗中摸索很长时间。没有人能拯救这个国家，除了他们自己！

北京，1903 年 11 月 25 日

重要人名、地名中英对照表

Jenghiz khan 成吉思汗
Fu hsi 伏羲
Yen ti 炎帝
Pao hsi 庖牺氏
Huang ti 黄帝
Yu 禹
Confucius 孔子
Chieh kuei 夏桀
Mei hsi 妹喜
Tang 汤
Chou hsin 殷纣王
Ta chi 妲己
Pi kan 比干
Wu wang 武王
the duke of chou 周公
Po chin 伯禽
Laotze 老子
Mencius 孟子
Shih hwangti 始皇帝
Liu pang 刘邦
Tung cho 董卓
Wang yun 王允
Lv pu 吕布
Ts ao 曹操
Liu pei 刘备
Sun chvan 孙权
Sui wen ti 隋文帝
Sui yang ti 隋炀帝
Kublai khan 忽必烈可汗
Li yuan 李渊
Oghotai 窝阔台
Too li 拖雷
Kangu 蒙哥
Ho nan 河南
Manchu 满洲
Wu san kui 吴三桂
Nanking 南京
Kwang hsu 光绪
the long white mountain 长白山
Peking 北京
Shun chih 顺治
Kanghsi 康熙
Yung cheng 雍正
Chienlung 乾隆
Ili 伊犁
Canton 广州
Macartney 马戛尔尼
Jehol 热河
Chiaching 嘉庆
Amherst 阿美士德
Napier 律劳卑
Chusan 舟山
the bogue forts 沙角炮台
Amoy 厦门

Ningpo 宁波
Tenghai 定海
Chefoo 乍浦
Shanghai 上海
Chinkiang 靖江
Hsienfeng 咸丰
Fatshan 佛山
Taku forts 大沽炮台
Kwangsi 广西
Hankow 汉口
Newchwang 牛庄
Tengchow 登州（烟台）
Formosa/Tai wan 台湾
Swatow 汕头
Hainan 海南
Kiungchow 琼州
Tungchow 通州
Chefoo 烟台
Jiukiang 九江
Pak hoi 北海
Soochow 苏州
Chihli 直隶
Li hung chang 李鸿章
Tseng kwofan 曾国藩
Tung chin 同治
Tientsin 天津
Ah lu te 阿鲁特
Tszekwang pavilion 紫光阁
Langson 谅山
Foochow 福州
Tamsui 淡水
Tsungli yamen 总理衙门
Mandalay 曼德勒
Yalu river 鸭绿江
Port arthur 旅顺港
Shantung 山东
Wei hai wei 威海卫
Pescadores 澎湖列岛
Liaotung 辽东半岛
Hunchun 珲春
Kirin 吉林
Aigun 瑷珲
Taitsihar 齐齐哈尔
Shanhaikwan 山海关
Mukden 沈阳
Kaiping 盖平
Chinchow 锦州
Amur 黑龙江
Dalny 大连
Hongkong 香港
Macao 澳门
Kiaochow 胶州
the red river 红河
Yunnan 云南
Nanning 南宁
Kang yu wei 康有为
Weng tung ho 翁同龢
Liang chi chao 梁启超

Tan tze tung 谭嗣同
Liu shio 林旭
Fukien 福建
Yang tui 杨锐
Yang shin sheu 杨深秀
Sung peh lun 宋伯鲁
Kang kwang in 康广仁
Chen pao chen 陈宝箴
Li twan fen 李瑞棻
Chang lin 长麟
Wang ming luan 汪鸣銮
Tsz tui 志锐
Wen ting shih 文廷式
Kow lang tsai 寇连材
Szchuen 四川
Paoting 保定
Taiyuan 太原
Peitang 北塘
Yangtsun 杨村
Hsuan hua fu 宣化府
Tung fuh siang 董福祥
Singan fu 西安府
Pu chun 溥儁
Cheng ting 正定
Chien men 前门
Kwanti 关帝
Kung ling i 孔令贻
Boyun ssu 白云观
Fa hsien 法显
the straits of malacca 马六甲海峡
Han win kung 韩愈
Hangchow 杭州
Thomas Francis Wade 威妥玛
Tsang hieh 仓颉
Sze ma tsien 司马迁
Li po 李白
Tu fu 杜甫
Ssuma kuang 司马光
Chu hsi 朱熹
Ma tuan lin 马端临
Woo sang 吴淞口
Chang chih tung 张之洞
Kiukiang 九江
Ichang 宜昌
Kwei chou fu 夔州府
Pa tung 巴东
Hupeh 湖北
An hui 安徽
Lassa 拉萨
Yuan shih kai 袁世凯
Wang wen shao 王文韶
Chv hung chi 瞿鸿機
Tsai chen 载振
Nankow 南口
Ma yu kun 马玉昆
Ma lan yu 马兰峪